VOYAGE AU CŒUR DES PROPRIÉTÉS PUBLIQUES

Collection

Le droit aujourd'hui

La collection « Le droit aujourd'hui » regroupe des études juridiques concernant des problèmes d'actualité nationale et internationale, dans divers domaines (éthique, politique, questions de société…).

Déjà parus

Nitish Monebhurrun, *La fonction du développement dans le droit international des investissements,* 2016.
Djiby Sow, *La légalité de l'intervention militaire française au Mali. Contribution à l'étude du cadre juridique de la lutte armée contre le terrorisme international*, 2016.
Emmanuel Tessier, *Le stade en droit public. Recherche sur le régime juridique des enceintes sportives*, 2015.
Sophie Huvé, *La Russie et l'ONU. L'Organisation des Nations unies, cadre et instrument de la politique extérieure russe (1999-2015)*, 2015.
Claudine Pérez-Diaz, Marie-Syvie Huré, *Violence conjugale, missions et finalités concrètes de l'intervention pénale*, 2015
Jean-Grégoire Mahinga, *Le statut du tribunal international du droit de la mer, Commentaire article par article*, 2015
Peggy Larrieu, *Neurosciences et Droit pénal, Le cerveau dans le prétoire*, 2015.
Anthony Falgas, *La Voie de fait administrative. Recherche sur la justification d'une notion prétorienne*, 2015.
Jean-Gregoire Mahinga, *La pêche maritime et le droit international*, 2014.

Geneviève IACONO

VOYAGE AU CŒUR DES PROPRIÉTÉS PUBLIQUES

L'Harmattan

Du même auteur

Gestion des Ressources Humaines, défi du temps, défi du territoire, défi de la complexité, défi de la responsabilité, Editions Montchrestien-Gualino, 2002.

Gestion des Ressources humaines, 5 défis pour l'avenir, Gualino, 2008.

Balades Domaniales dans Lyon, Éditions Lyonnaises d'Art et d'Histoire, 2009.

La Gestion des Ressources humaines dans les collectivités territoriales, Quels défis pour le management public ? Quels enjeux pour le service public ? (en collaboration avec Daniel Donzel), Gualino, 2013.

5-7, rue de l'École-Polytechnique, 75005 Paris
www. harmattan.com
diffusion.harmattan@wanadoo.fr
ISBN : 978-2-343-10495-9
EAN : 9782343104959

Sommaire

Prologue

« Le droit est la plus puissante école de l'imagination. Jamais poète n'a interprété la nature aussi librement que le juriste la réalité[1] *».*

Cette citation empruntée à Giraudoux permet d'illustrer le regard souvent distancié que le non juriste peut porter sur les constructions juridiques qui façonnent notre univers quotidien. Et pourtant, les citoyens sont tous les jours concernés par les problématiques juridiques. Les pigeons sur les places de nos villes, des caténaires sur les voies ferrées, les ventes ambulantes sur la voie publique, les artistes peintres à Montmartre, la grande roue de la place Bellecour à Lyon ou aux Tuileries à Paris, la protection de la Pointe du Raz, la consolidation des digues pour faire front aux risques d'inondations, les équipements sportifs ou culturels, tous ces sujets qui ne font que rarement la une des journaux télévisés et qui s'adressent le plus souvent à un public d'initiés, font partie de notre vie quotidienne.

Ce voyage au cœur des propriétés publiques, conçu comme un guide du routard d'un genre nouveau, tente de relever le défi d'une présentation simple et attractive permettant au grand public de se familiariser avec les concepts mobilisés par tous les acteurs engagés dans la gestion des propriétés publiques.

---

[1] Giraudoux, *La guerre de Troie n'aura pas lieu.*

Introduction

« *Pour voir, pour bien voir, il faut prendre du recul, il faut prendre de l'altitude. Il faut s'élever jusqu'au plan supérieur des choses spirituelles. Il faut s'enfuir assez haut et assez loin, pour pouvoir en se retournant, embrasser le globe tout entier, d'un seul regard*[2] ».

Cette *invitation au voyage* au cœur des propriétés publiques nous conduit à emprunter plusieurs itinéraires qui chacun propose un paysage singulièrement contrasté. Pour accompagner le lecteur sur les voies des constructions juridiques souvent complexes, le détour par le chemin de l'archéologie des concepts nous semblait indispensable à la compréhension des enjeux auxquels sont soumis aujourd'hui les gestionnaires des propriétés publiques.

Il s'agira de combiner les données de l'histoire, de la géographie mais aussi de la philosophie politique et de l'économie, en résonnance avec les concepts mobilisés par le droit pour penser la topographie dans laquelle évoluent les politiques publiques. Car la pensée est toujours une pensée de la terre, des paysages et du territoire.

Ainsi, muni de cette boussole, il sera sans doute plus aisé de cheminer en prenant la mesure des problématiques en tension qui façonnent le paysage des propriétés

---

[2] Théodore Monod, *L'hippopotame et le philosophe*, Acte Sud 1993, p. 433.

publiques, tout en percevant les nouvelles configurations qui se dessinent à l'horizon du développement durable et de la nécessaire protection des espaces sensibles.

1. La gestion des propriétés publiques, une histoire qui nous concerne tous

A qui appartient le musée du Louvre ? Quelle collectivité est propriétaire du Rhône ou de la Seine ? Pourquoi faut-il demander une autorisation pour vendre des marrons chauds sur les places en hiver ou des glaces sur les plages ? Qui est responsable de l'entretien des caténaires le long des voies ferrées ? Quel lien y a-t-il entre la notion de service public et celle de propriété publique ?

Il existe dans notre tradition juridique des notions qui traversent l'histoire et révèlent les équilibres politiques, économiques et sociaux d'une époque. Il existe aussi dans notre tradition juridique des concepts très faiblement médiatisés et donc largement ignorés des citoyens et qui ont pourtant un impact très grand sur les contours de l'État et le type de politique publique mis en œuvre.

Ainsi, en est-il du droit des propriétés publiques, qui sous forme d'un précipité, concentre les grands questionnements de la société. Chaque époque s'est forgée une vision contrastée et spécifique du périmètre de la domanialité publique, qui évolue au gré d'une pensée, qui valorise plus ou moins l'initiative privée, ou qui au contraire, insiste sur la notion de réglementation par le biais des politiques de l'État.

Des interventions de Louis XI visant à donner à l'État moderne ses premières fondations, en passant par les initiatives de Vauban et de Colbert, jusqu'à la naissance de l'État Providence à la fin du XIXe siècle, le cycle de l'interventionnisme ou du libéralisme a connu un mouvement pendulaire. Si l'on s'en tient à une échelle de temps plus court, en commençant notre étude au début du XXe siècle, on observe un mouvement cyclique entre un processus de développement de l'État Providence puis de repli de l'action publique à partir des années 1980.

A l'heure où la question du logement social s'impose dans l'actualité, en raison d'un manque criant de logements pour tous, à l'heure où la crise économique et financière qui pèse lourdement sur les ménages et les finances publiques dicte des choix souvent difficiles pour les projets d'aménagement, à l'heure où le processus de modernisation de l'action publique est de nouveau à l'ordre du jour, il est utile d'envisager la question du droit des propriétés publiques sous l'angle des politiques publiques. En effet, tout projet d'infrastructure ou de création d'un nouveau service public suppose un ancrage foncier et immobilier, qui suscite un débat vif : il s'agit d'arbitrer entre les intérêts privés et les différentes représentations de l'intérêt général, rarement consensuelles.

Le droit des propriétés publiques fourmille d'exemples illustrant, à travers des situations très concrètes, le débat de société à l'œuvre dans la construction des politiques publiques.

2. Le droit des propriétés publiques : une question de société au cœur de l'actualité économique et politique

Tous les citoyens qu'ils soient usagers de la route, plaisanciers de la mer ou des fleuves, voyageurs de la

SNCF, cyclistes sur la voirie urbaine, commerçants ambulants sur les foires ou les plages, chauffeurs de taxi ou cafetiers sont en effet confrontés dans leur vie quotidienne aux réalités de la gestion des propriétés publiques. Les grandes évolutions des équipements structurants, telles que les infrastructures ferroviaires ou routières combinées aux enjeux du développement durable, nécessitent une politique volontariste de réappropriation des espaces naturels. Le processus de décentralisation a conduit à un transfert massif des propriétés publiques de l'État vers les collectivités territoriales. Face à une approche de plus en plus territorialisée de la notion d'intérêt général, c'est la conception même de la souveraineté qui présidait à la cohérence de la construction théorique de la gestion domaniale qui se trouve renégociée. Aujourd'hui, le processus de création des métropoles commence à produire des effets non négligeables sur les propriétés publiques pour lesquelles on éprouve encore quelques difficultés à en cerner précisément les contours.

On ne saurait passer sous silence les multiples impacts du droit européen de la concurrence sur les contours de la propriété publique, notamment ceux des grandes entreprises publiques gérées sous la forme d'établissements publics. Le changement de statut des grands opérateurs de réseau, tels que France Telecom devenu Orange, La Poste, EDF, GDF et SNCF qui sont passés du cadre juridique de l'établissement public à la structure commerciale de société anonyme, a eu un impact très important sur les contours des propriétés publiques.

Là encore, un mouvement de balancier épousant le rythme des cycles économiques, révèle des phases d'expansion et des phases de retrait des prérogatives de l'État. La crise financière que l'on connaît depuis septembre 2008 a ouvert un nouveau mouvement historique tant dans la représentation que dans la gestion du patrimoine public. La politique économique mise en œuvre est orientée autour de deux objectifs : la réduction de la dette et la relance de la croissance. Cette double préoccupation se traduit par des injonctions paradoxales dans la gestion des propriétés publiques qui oscillent en permanence entre une logique de valorisation et une logique de protection.

Les contraintes budgétaires ont imposé une politique de valorisation des propriétés publiques dont les conséquences atteignent directement la représentation même de l'État et du service public. Concrètement l'objectif de réduction de la dette s'est traduit par une mise sur le marché des actifs immobiliers détenus par l'État et les collectivités territoriales. La vente massive des immeubles de bureaux, des tribunaux, des gares ou des hôpitaux désaffectés s'est imposée comme le dogme non négociable de la politique de rigueur.

Mais dans le même temps, la problématique du développement durable imposée par les menaces du dérèglement climatique, confère à la protection de tous les espaces naturels une légitimité et une pertinence jamais égalées dans l'histoire.

Le code des propriétés publiques des personnes publiques publié en avril 2006 est traversé par ces différents courants. Prenant acte du compromis entre les logiques de valorisation et de protection, entre le droit de la concurrence et la protection des services publics, entre la gestion centralisée au niveau de l'État garant de l'intérêt général et la gestion de proximité territorialisée au niveau décentralisé, le code des propriétés publiques a donné un nouveau cadre aux politiques publiques.

Dix ans après sa publication, les tensions paradoxales qui traversent son régime juridique méritent d'être revisitées et actualisées de manière à sensibiliser les citoyens sur les différents enjeux de la gestion des propriétés publiques. Or pour l'instant, c'est loin d'être le cas. Ces questions souvent très techniques, sont réservées aux initiés, spécialistes de l'aménagement urbain et aux militants associatifs qui ont acquis sur ces sujets une véritable expertise. Ce n'est qu'à l'occasion des procédures d'enquêtes publiques préalables aux grandes opérations d'aménagement, ou par voie de référendum comme pour l'aéroport Notre Dame des Landes, que la population est consultée sur les grands projets d'aménagement.

Le parcours proposé au lecteur, au cours de cette déambulation dans les dédales des propriétés publiques permettra de faire le passage « de la signification, à la justification[3] » et de mieux percevoir les enjeux politiques que représentent pour notre avenir commun, la gouvernance des propriétés publiques[4].

---

[3] *Quel sens pour le droit ?* Sous la direction de François Julien Lafferière, Dorian Guinard et Sarah Marie Maffesoli, L'Harmattan, 2008.

[4] Jacques Chevallier, *Droit et action publique*, in mélanges Michel Miaille, *Le droit figure du politique*, Tome 2, p. 421.

Chapitre 1.

Les contours à géométrie variable des propriétés publiques

« Comment expliquer, à ceux qui ne l'ont pas vécu, que le chemin a pour effet sinon pour vertu de faire oublier les raisons qui l'ont amené à s'y engager[5] *».*

La randonnée commence par une première étape faite de points d'interrogations. Comment faire la distinction entre un bien public et un bien privé ? Qu'est ce qui justifie la mise en œuvre d'un régime spécial sur le domaine public ? Pourquoi l'idée de propriété publique s'est-elle finalement imposée en France ? Quelle différence peut-on établir entre cette même propriété publique et les notions de patrimoine et de domanialité ?

On le pressent bien, une difficulté redoutable apparaît lorsqu'il s'agit de définir avec précision ces termes juridiques. Nous sommes en présence de concepts qui n'ont pas la même résonance, selon qu'on les envisage du point de vue de leur nature, de leur régime juridique, ou selon qu'on les envisage dans le cadre de la politique économique, des politiques publiques environnementales ou culturelles.

Telles des poupées gigognes, ces concepts s'emboîtent les uns dans les autres, tout en s'inscrivant sur des

---

[5] Jean-Christophe Ruffin, *Immortelle randonnée, Compostelle malgré moi*, Editions Guérin, Chamonix, 2013, p. 23.

registres différents, qui de fait, n'ont ni la même densité conceptuelle et théorique, ni les mêmes implications pratiques.

Au sommet du promontoire, la distinction entre les biens publics et les biens privés délimite le paysage. Si la notion de bien est une notion partagée par les économistes, les anthropologues et les juristes, nous pourrons voir que ces derniers n'en n'ont pas tiré les mêmes conséquences sur le plan théorique et pratique.

Puis, au second plan, une frontière moins précise, jalonne l'horizon en fonction des types de biens envisagés qui peuvent être susceptibles d'appropriation publique, d'appropriation communautaire, d'appropriation privée ou non appropriables.

Enfin, au premier plan, on pourra distinguer, au sein des propriétés publiques, en fonction du régime juridique applicable commandé par le principe d'affectation, les biens du domaine public et ceux du domaine privé.

Le parcours du voyageur sera donc jalonné de ponts à franchir et de portes à ouvrir, de palissades et d'interstices où se coulent les regards.

1. L'approche des biens publics par les économistes

C'est par un détour préalable mais indispensable pour la compréhension que nous commençons le périple.

La théorie économique repose sur la distinction fondamentale entre deux catégories de richesses : les biens et les services. Dans la catégorie des biens, il faut distinguer les biens publics, et les biens privés. La notion de biens privés renvoie à une logique marchande, de rencontre de l'offre et de la demande qui fixe le prix des marchandises. Les biens publics s'inscrivent quant à eux, dans une logique non marchande. Ils échappent à la sphère du marché tant au niveau de leur gestion que de leur acquisition. Ces biens ne peuvent être produits que suivant des procédures non marchandes. Ils sont de nature exceptionnelle par rapport aux biens des personnes privées en raison de l'intérêt général sur lequel ils sont adossés. Ce caractère exceptionnel du bien public est lié aux contraintes particulières de la production ce qui rend le marché incapable de supporter les coûts engendrés pour investir, entretenir et enfin permettre l'accès de tous à son utilisation. De fait, le bien public renvoie à une notion d'équipement lourd – du type infrastructure – qui suppose un rapport au temps long du fait de l'importance de l'immobilisation en capital qu'il exige[6].

De plus, le bien public touche à l'utilisation des ressources fragiles du fait de leur rareté ou de leur importance stratégique dans le système économique – matières premières, infrastructures de communication. Enfin, le caractère non exclusif de son utilisation rend par définition le bien public accessible à tout le monde. A l'inverse, le bien privé est un bien personnel, exclusif et librement transférable. Il présente un caractère banalisé, ce qui rend facile son appropriation.

La décision de conférer à tel ou tel type de bien un caractère privé ou public est loin d'être une décision neutre. Elle résulte au contraire d'un choix politique et d'un mode d'organisation sociale qui prend appui sur une vision très précise de l'intérêt général, du principe de

---

[6] Jean Clam, *Qu'est-ce qu'un bien public ? Une enquête sur le sens de la socialisation de l'utilité dans les sociétés complexes,* Archives de la philosophie du Droit, 1997.

solidarité et d'une représentation de la richesse collective. Le périmètre accordé aux biens publics par rapport aux biens privés est dépendant de plusieurs facteurs. Les premiers sont relatifs à une vision anthropologique du système social qui peut être plus ou moins individualiste ou plus au moins communautaire. En effet, dans les sociétés traditionnelles à dominante rurale, la propriété communautaire est un élément déterminant de l'organisation sociale.

Sur le plan économique, l'arbitrage entre biens publics et biens privés résulte d'une combinaison de plusieurs facteurs. Le premier est lié aux modèles économiques dominants, à la place laissée à l'initiative privée, au marché ou à l'intervention de l'État. Le second est directement relié à un cycle technologique et au processus d'amortissement des investissements technologiques – plus ou moins rapide selon le type de bien envisagé – et au phénomène de diffusion et de banalisation du progrès technique. Ce qui caractérise la révolution des technologies, c'est l'accélération considérable et très rapide de la diffusion et de la banalisation du progrès technique.

L'accélération de l'équipement des ménages en matière de téléphonie est à cet égard un exemple particulièrement significatif : tant que l'accès à ce bien nécessitait un investissement lourd, seuls les pouvoirs publics pouvaient en assumer la prise en charge financière. La banalisation très rapide du téléphone qui est devenu un bien de consommation courante a conduit à remettre en cause la pertinence de l'investissement public dans ce secteur d'activité.

Enfin, la conception des biens publics retenue par les économistes est plus ou moins élargie en fonction de l'importance accordée aux réflexions sur le développement durable, la protection des ressources rares et le principe de solidarité, qui par définition échappent aux logiques du marché. L'apport d'Elinor Ostrom est sur ce sujet tout à fait essentiel car elle dessine « un nouvel horizon de sens » pour les responsables de la gestion des biens publics qui ne peuvent réduire leur imaginaire aux logiques du marché, ni même à celles de la propriété[7]. C'est notamment à propos de l'eau, de l'air ou de la biodiversité que se noue aujourd'hui l'essentiel du débat, dans un contexte de stress hydrique croissant, de risque d'inondation et de pollution de l'air.

2. La vision historique et anthropologique des propriétés publiques

« Le véritable voyage de découverte ne consiste pas à chercher de nouveaux paysages mais à avoir de nouveaux yeux[8] ».

Cette invitation au « voyage dans le passé[9] » *est une étape nécessaire pour comprendre la structuration actuelle du paysage des propriétés publiques.*

Dans de nombreuses civilisations, une rupture progressive – mais jamais établie de manière définitive – entre la notion de propriété collective et celle de propriété

---

[7] Elinor Ostrom, *La gouvernance des biens communs, pour une nouvelle approche des biens communs*, de Boeck, 2010.

[8] Marcel Proust, *A la recherche du temps perdu, Quarto,* Gallimard, 1999.

[9] Stephan Zweig, *Voyage dans le passé,* Le livre de Poche, 2010.

privée a pu être observée. Le passage d'un mode d'organisation villageoise et communautaire à une forme plus élaborée de structuration du pouvoir politique a entraîné dans son sillage la naissance du concept de propriété publique. Si toutes les grandes civilisations de l'Antiquité ont laissé apparaître un lien entre la notion de propriété publique et l'idée de puissance publique, toutes n'ont pas attribué au patrimoine public les mêmes fonctions. En Mésopotamie par exemple, les biens étaient appropriés par le roi en raison des richesses qu'ils pouvaient produire.

En Egypte, le Pharaon était également propriétaire d'un patrimoine public très important, mais essentiellement constitué d'un domaine funéraire et d'une propriété foncière destinée à produire des revenus[10]. En Grèce, l'organisation du pouvoir autour de la Cité va commander une configuration très nouvelle de la propriété publique. C'est la Cité qui, en tant que centre d'impulsion et cadre d'exercice du pouvoir, s'impose comme la détentrice du patrimoine public dont l'usage est destiné à l'ensemble des citoyens de la cité. À Rome, la formalisation du concept de patrimoine public est étroitement liée à la structuration de l'idée d'État, elle-même liée à la notion de personnalité morale. Si l'on se réfère au code de Justinien au 5eme après JC, on peut voir clairement apparaître la distinction entre les propriétés de l'État, les *res publicae* et celles des cités, les *res universitatis*.

Sur le plan de l'équilibre sociétal, les anthropologues ont souligné la place importante que réservaient les sociétés traditionnelles aux propriétés communautaires.

---

[10] Caroline Chamard, *La distinction des biens publics et des biens privés, contribution à la définition de la notion de bien public,* Thèse Lyon III, 2002. p. 85.

Dans de nombreux pays du Sud, la propriété communautaire demeure encore très vivace. Cet attachement se traduit notamment par la revendication des populations autochtones auprès des juridictions internationales comme les Cour interaméricaine des droits de l'homme et africaine des droits de l'homme pour faire valoir le droit de propriété collective contre les logiques de prédation opérée par les groupes pétroliers ou d'industrie extractive.

A l'inverse, c'est une conception individualiste du droit de propriété qui prévaut dans la société occidentale. Cette vision *propriétarist*e qui est issue du droit romain et qui s'exprimait dans le concept de D*ominium,* s'est imposée à la Révolution Française et a été consacrée sur le plan national par la Déclaration des Droits de l'Homme et du Citoyen (DDHC) à l'article 17[11] et sur le plan européen par le protocole additionnel n°1 à la Convention Européenne des Droits de l'Homme, comme une liberté fondamentale.

Une autre précision pour la compréhension des enjeux du débat actuel sur la place du droit de propriété – qu'il s'agisse de la propriété privée ou de la propriété publique – concerne la distinction entre les *res communis* et les *res nullius.* En droit romain, les *res communis* comprenaient l'air, l'eau courante et les rivages de la mer. Alors que les *res communis* sont inappropriables par nature, les res nullius ou les biens sans maître, sont simplement sans propriétaire à un moment donné et sont donc potentiellement appropriables par le premier occupant qui

---

[11] Article 17 DDHC : « La propriété étant un droit inviolable et sacré, nul ne peut en être privé, si ce n'est que lorsque la nécessité publique légalement constatée l'exige évidemment et sous la condition d'une juste et préalable indemnité. »

se présente sur les lieux. Mais au final, la distinction entre les deux notions apparait fragile et artificielle pour qualifier ce qui est de l'ordre de l'*inappropriabl*e et ce qui peut faire potentiellement l'objet d'une propriété.

C'est ce qui ressort du code civil qui n'apporte pas une grande précision sur le sujet. L'article 714 du Code civil ne fait pas franchement la distinction entre ces deux catégories de biens et ne les vise expressément que pour mieux les maintenir hors du droit commun de la propriété. « Il est des choses – est-il écrit – qui n'appartiennent à personne et dont l'usage est commun à tous. Des lois de police règlent la manière d'en jouir. »

Aujourd'hui, c'est autour de la notion de *« commun »* qui tend à dépasser cette distinction entre propriété privée, propriété publique et propriété communautaire que de nouvelles perspectives s'ouvrent pour enrichir la réflexion. Bien que les pâturages et les affouages soient les vestiges fragiles de cette propriété communautaire en Europe, et malgré la « *Tragédie des Communs*[12] *»,* mis en lumière par le juriste anglais Garett Hardin, nous aurons au cours de ce voyage, l'occasion de redécouvrir la « *richesse du commun* », comme nouvel axe fondateur du droit des propriétés publiques et comme levier des politiques publiques.

3. L'approche juridique des propriétés publiques

Pour ne pas égarer le randonneur, le nouveau balisage indiquant quelques points de repères importants doit être précisé. En effet, le passage étroit sur les collines escarpées du droit impose un changement d'équipement.

---

[12] Garett Hardin, *La tragédie des communs*, https://wp.unil.ch/bases/2013/09/garrett-j-hardin-et-la-tragedie-des-biens-communs.

On réservera donc la notion de biens publics aux économistes pour privilégier dorénavant le concept de propriété publique. Puis on complétera le dispositif d'orientation par une deuxième précision de méthode.

La carte mentale du juriste est organisée selon une topographie très spécifique, encadrée par la notion de catégorie permettant l'opération de qualification. Traduire les faits en langage juridique est le propre de la qualification juridique qui constitue un des pivots de la méthodologie juridique. La qualification peut résulter d'une opération simple lorsqu'il s'agit d'appliquer à la situation de fait une règle de droit[13]. Mais elle s'avèrera plus complexe, lorsque la règle laisse une marge d'appréciation, parce qu'elle touche un sujet instable soumis à des évolutions ou à des interprétations multiples.

Pour trancher la question de la qualification, le juge assoit son raisonnement sur une série de critères. Ces critères permettent de classer, de repérer le fait observé parfois sur la base de données objectives – comme des repères chiffrés ou l'observation de faits naturels – mais le plus souvent sur la base de données subjectives, sujettes à interprétation. La notion de critère est inséparable de la définition de la norme qui elle-même renvoie à la notion de seuil, de limites, de repères. La qualification conduit à la mise en œuvre d'un régime juridique spécifique par le biais du classement, de l'affectation, de l'incorporation et de la délimitation.

---

[13] Jacqueline Morand-Deviller, *La notion de seuil en droit administratif*, Mélanges en l'honneur de Franck Moderne, *Mouvement du droit public,* Dalloz, 2004, p. 303.

3.1. Les critères de repérage des différentes catégories de propriétés publiques

Pour mener à bien cette opération de qualification permettant de distinguer les différentes catégories de propriétés publiques, un GPS bien utile, mais présentant une certaine complexité dans son utilisation a été formalisé sur la base de trois critères : le *critère organique, le critère matériel et le critère finaliste.*

En application du critère organique, il sera possible de repérer la propriété publique par un seul indicateur qui est la qualité du propriétaire public qui en a la possession ; il peut s'agir de l'État, des collectivités territoriales ou de des établissements publics.

Le critère matériel renvoie au régime juridique applicable. En application de ce critère, on pourra repérer les biens qui par nature sont inscrits dans la catégorie juridique des propriétés publiques et sont donc soumis au droit public. Ces biens recouvrent exclusivement les dépendances du domaine public naturel comme la mer, les fleuves et l'air.

Enfin le critère finaliste permettra de qualifier le bien public en fonction de son affectation à l'intérêt général, ce qui justifiera la mise en œuvre d'un régime juridique très protecteur. La même notion de rareté que celle utilisée par les économistes, justifie le système de protection assuré par la mise en œuvre d'un régime juridique spécifique.

3.2. La domanialité publique, un régime juridique spécial au sein des propriétés publiques

Après avoir franchi l'étape de repérage des propriétés publiques, une nouvelle bifurcation se dessine. Elle permet de distinguer au sein des propriétés publiques les dépendances du domaine public et les biens constituant le domaine privé.

La domanialité publique est régie par le droit administratif, dont le caractère exorbitant du droit commun permet de garantir le principe d'inaliénabilité. Cette domanialité publique est une manifestation de la souveraineté. À ce titre, elle est construite sur l'idée d'un régime d'exception, comportant un certain nombre de prérogatives de puissance publique. Son régime juridique est fondé sur la logique de protection, elle-même étroitement reliée à la notion d'affectation. La compétence juridictionnelle est celle des tribunaux administratifs.

La domanialité privée est associée à la fonction patrimoniale du domaine. Elle relève du droit privé et donc de la compétence des juridictions judiciaires. Les biens appartenant au domaine privé s'inscrivent dans la logique d'un État propriétaire qui bénéficie de toutes les prérogatives du droit de propriété (usus, fructus, abusus). Les biens du domaine privé sont donc susceptibles d'exploitation patrimoniale ; soumis au droit privé, il appartient naturellement au juge judiciaire de connaître des litiges.

De manière générale mais non absolue, le domaine privé correspond à une logique de valorisation tandis que le domaine public, lui-même adossé à la notion d'affectation, est tout entier dédié à l'exigence de protection. La seule exception notoire concerne le statut des forêts domaniales qui, bien que participant à la protection de l'environnement et relié depuis le Moyen Age à la construction de la puissance de l'État souverain, sont inscrites dans le domaine privé de L'État ou des collectivités territoriales. La ligne de partage entre propriété publique et propriété privée d'une part, et entre domaine public et domaine privé d'autre part, est subtile. Elle évolue dans le temps en fonction de critères tels que la conception de la mission de l'État et la représentation de l'intérêt général. L'histoire du domaine public sous l'Ancien Régime illustre le processus d'affirmation de la puissance royale sur la féodalité comme levier de structuration du principe de souveraineté et d'affirmation de l'État.

4. Le processus de distanciation entre propriété privée et domanialité publique

Le cycle historique de la domanialité publique en France s'est traduit, du fait de son ancrage dans le principe de souveraineté, par une prise de distance à l'égard du droit de propriété privée. Le principe selon lequel l'État pouvait être propriétaire d'une propriété publique, distincte de son patrimoine privé, s'est imposé très tôt comme expression de l'affirmation de la puissance souveraine. La consécration de ce principe fut opérée en 1566 par l'Édit de Moulins qui institue la règle de l'inaliénabilité et de l'imprescriptibilité des biens de la couronne.

D'une grande portée symbolique et politique, cette règle de l'inaliénabilité fonde le régime juridique de la domanialité publique et s'impose comme un pilier de notre patrimoine juridique qui depuis la Renaissance n'a jamais été véritablement remis en cause. Sur le plan politique, la portée du principe de l'inaliénabilité est tout aussi considérable. De manière symétrique au Traité de Westphalie de 1648 qui fonde l'État sur le plan international, cette règle de l'inaliénabilité signe l'acte de naissance de l'État moderne et tend à rompre de manière progressive avec les coutumes féodales de patrimonialisation du pouvoir.

À cet égard, la Révolution Française a joué un rôle décisif mais aussi paradoxal dans la constitution du patrimoine de la nation et donc de la notion de domaine public, sous l'effet des nationalisations massives des biens appartenant au clergé, au roi et à la noblesse. Mais cette protection du patrimoine est très aléatoire dans un contexte de crise financière car elle conduit les révolutionnaires à revendre une partie de ces biens nouvellement acquis.

Et c'est à ce niveau que se situe le paradoxe dans la mesure où le curseur entre propriété privée et propriété publique est loin d'être stabilisé à la Révolution. Tout en procédant aux spoliations massives de propriété, on voyait inscrit en toutes lettres à l'article 17 de la Déclaration des Droits de l'Homme et du Citoyen (DDHC), le caractère inviolable et sacré du droit de propriété.

5. Les enjeux contemporains de la gestion des propriétés publiques, au cœur de tensions paradoxales

Chaque époque a eu une approche contrastée et spécifique du périmètre de la propriété publique, qui a évolué au gré d'une pensée valorisant plus ou moins l'initiative privée ou la notion de régulation par le bais de l'intervention de l'État. C'est justement cet équilibre qui se trouve aujourd'hui renégocié dans un contexte où les repères de l'interventionnisme de l'État se trouvent revisités La manière dont est appréhendé le régime juridique des biens publics est à la convergence d'une série de données inséparables, telles que la conception politique du rôle de l'État, le système de droit en vigueur et la vision particulière de la sphère économique. En fonction d'un équilibre subtil entre ces trois paramètres, les États ont bâti des systèmes assez différents dans la répartition de leur patrimoine public entre domaine public et domaine privé.

En effet, la distinction entre propriétés publiques et domaine public, telle qu'elle existe en France laisse apparaître une situation très différente entre les pays de la Common Law et les pays du système de droit romano germanique. Dans les pays de Common Law, de tradition civiliste anglo-saxonne, la notion de domaine public est inexistante, alors qu'elle figure de manière beaucoup plus visible dans les pays de tradition romano germanique du sud de l'Europe.

La relation entre les termes de domanialité, de souveraineté et de propriété a évolué donc au cours des siècles et recèle des tensions qui jalonnent les grandes étapes de la construction de l'État moderne. D'une part, les frontières entre les catégories de biens ne sont jamais tranchées de manière définitive. D'autre part, les réalités de la vie économique et sociale résistent à la qualification dans des catégories juridiques trop rigides qui n'épuisent jamais la complexité des situations. La perméabilité entre biens publics et biens privés amène à s'interroger sur leurs critères de différentiation. Si l'on admet que les patrimoines publics et privés sont composés des mêmes biens, cela conduit à banaliser complètement la frontière entre droit public et droit privé. En revanche, si l'on reconnaît une spécificité substantielle à ces biens publics, on pourra en déduire qu'un régime spécifique lié à la domanialité publique soit plus adapté à la mise en œuvre de la protection.

5.1 La gestion des propriétés publiques : la recherche d'un équilibre entre protection et valorisation

Au début du XXe siècle, des joutes très vives ont opposé les partisans d'une vision élargie de la notion de bien public, pour les soustraire aux lois du marché et ceux qui les considéraient comme une catégorie spécifique. Une controverse célèbre entre deux grands juristes Maurice Hauriou et Léon Duguit sur la nature de la propriété publique demeure d'une criante actualité. Faut-il adopter une vision *propriétariste* des biens publics ou une vision fondée sur la logique de *l'affectation* ?

Reprenant à son compte une grande tradition développée par les pères de l'Église comme St Augustin puis par St Thomas d'Aquin, Duguit réfutait l'idée absolutiste du droit de propriété qu'il s'agisse de la propriété privée ou de la propriété publique. Pour lui, la propriété ne pouvait être considérée comme un droit, mais seulement comme une fonction sociale. « La propriété, reposant uniquement sur l'utilité sociale, ne doit exister que dans la mesure de cette utilité sociale. /.../ Et s'il arrive un moment où la propriété individuelle ne répond plus à un besoin social, le législateur doit intervenir pour organiser une autre forme d'appropriation des richesses[14] ». La légitimité du bien public repose sur l'affectation à l'intérêt général.

Cette conception ne fut pas partagée par la plupart de ses collègues et notamment par le Doyen de Toulouse, Maurice Hauriou qui invoquait, à propos des biens publics

---

[14] Léon Duguit, *Traité de droit constitutionnel*, Tome 3, 1923, p. 618.

composant le domaine public, l'idée d'une « propriété administrative » sur laquelle s'exerçaient toutes les prérogatives de la puissance publique. Finalement, c'est la jurisprudence qui a tranché en faveur de la thèse *propriétariste* en reconnaissant le droit de propriété des personnes publiques sur leur domaine public et privé.

5.2 L'inflexion du curseur dans le sens de la valorisation des propriétés publiques

Cette thèse a été confirmée en 2006 par le code général des propriétés publiques des personnes publiques, connu des initiés sous l'acronyme de CG3P. Celui-ci succède au code du domaine de l'État et consacre une nouvelle représentation des propriétés publiques, elles-mêmes alignées sur une nouvelle conception des politiques publiques. Alors que le modèle français avait privilégié un système de propriétés publiques centré sur la recherche de protection, grâce à l'institution du régime juridique de la domanialité, un mouvement inverse centré sur l'idée de valorisation est amorcé depuis une quinzaine d'années. Celui-ci se traduit par une forme de banalisation des propriétés publiques et un affaiblissement de sa protection.

Cette révolution silencieuse est une manifestation de l'influence de plus en plus grande des théories néolibérales inspirées du « *new public management* » (NPM), qui sous des formes diverses, a pénétré toute la sphère de l'action publique. Préconisant une vision de « l'État moderne parce que modeste[15] », le NPM impose un recentrage de l'État sur ses fonctions régaliennes au détriment des missions de service public. En conséquence, c'est

[15] Michel Crozier, *État moderne, État modeste. Stratégie pour un autre changement,* Le Seuil, 1991.

l'étendue des propriétés publiques pour accompagner les missions de l'État Providence qui est remise en cause, au profit de la logique du marché et de l'initiative privée.

5.3. La confirmation du caractère inappropriable du domaine public naturel

Cependant, il serait très réducteur de lire les enjeux de la gestion des propriétés publiques uniquement à travers ce prisme managérial car un mouvement en sens inverse se développe pour redonner à certains biens publics leur épaisseur théorique ainsi que leur légitimité, en les dissociant de l'idée de souveraineté et des seules prérogatives de l'État.

À titre d'illustration, on peut citer un arrêt de la Cour européenne des droits de l'homme du 29 mars 2010 *Depalle et Triboulet contre France* qui rappelle l'importance du principe d'inaliénabilité et d'imprescriptibilité du domaine public[16]. Les juges de Strasbourg imposent la démolition des constructions édifiées par des personnes privées sur le domaine public maritime, en l'occurrence une maison édifiée sur la pointe d'Arradon dans le golfe du Morbihan. La nécessité d'assurer la protection essentielle à la sauvegarde des espaces sensibles que représente le domaine public maritime se trouve confirmée dans un contexte de forte attractivité de la mer qui entraine une intense pression urbanistique et démographique sur le littoral.

De même, la montée en puissance de la notion de patrimoine mondial de l'humanité, entrée dans le

---

[16] CEDH, 29 mars 2010, *Depalle contre France et Brosset-Triboulet contre France.* Hudoc.

référentiel juridique par la porte du droit international, tend à faire bouger les lignes entre ce qui est de l'ordre de l'appropriable et de l'inappropriable, et à repenser les limites de la souveraineté des États sur les espaces et les biens les plus sensibles.

Cette notion de patrimoine mondial de l'humanité, formalisée dans la Convention de Montego Bay sur le droit de la mer en 1967, a été étendue à de multiples espaces comme l'Antarctique, les fonds marins ou l'espace extra-atmosphérique. L'article 1er de ce traité de 1967 mérite d'être souligné en tant que symbole du dépassement du principe de souveraineté et du principe de propriété pour la gestion des espaces sensibles. On peut lire en effet « que l'exploration et l'exploitation de l'espace extra-atmosphérique, y compris la lune et les corps célestes, doivent se faire pour le bien et dans l'intérêt de tous les pays, quel que soit le stade de leur développement économique ou scientifique ; elles sont l'apanage de l'humanité toute entière ».

Enfin les théories économiques relatives aux biens publics mondiaux formalisés par les économistes comme Amartya Sen, Joseph Stiglitz ou Elinor Ostrom apportent un élément de complexité supplémentaire à la compréhension des enjeux des propriétés publiques. Reposant sur l'idée d'un accès sans entrave aux biens publics mondiaux, les promoteurs de cette vision hésitent sur les formes de gouvernance à instaurer. Et c'est sans doute dans le vide laissé qui rend pour l'instant très fragile et ineffective cette nouvelle approche, que s'est imposée la toute-puissance du marché, laissant aux acteurs privés les coudées franches pour agir. L'exemple le plus emblématique concerne le climat et la couche d'ozone en tant que bien public difficile à protéger en raison du grand marché d'échanges qui s'est institué sur les droits à polluer.

Mais d'une manière similaire à celle de patrimoine mondial de l'humanité, cette théorie des biens publics mondiaux impacte directement la conception traditionnelle des propriétés publiques et vient bousculer la vision « *stato-centrée* », indissociable de la notion de souveraineté[17].

Des tensions paradoxales sont donc à l'œuvre dans la conception des propriétés publiques. Elles oscillent entre une exigence de valorisation conduisant à banaliser leur gestion et des impératifs de protection, qui contribuent à renforcer leur caractère spécifique et irréductible, tout en dépassant le cadre strictement national. L'adoption de la notion de propriété publique par le code général des propriétés des personnes publiques a entraîné une forme de banalisation de la notion de biens publics ainsi qu'une mutation du régime de la domanialité sur laquelle ils étaient adossés.

En sens inverse, la montée en puissance des défis environnementaux, redonnent à la propriété publique et aux biens publics toute leur pertinence dans leur fonction de protection des espaces naturels. Ce phénomène est particulièrement visible pour les ressources naturelles dont le statut juridique n'est pas encore clairement défini comme l'eau, le vent, ou l'air. La sauvegarde de ces composantes essentielles à la survie de l'humanité nécessite la mise en œuvre d'une gouvernance mondiale qui transcende les compétences et les frontières des États.

---

[17] Elinor Ostrom, *Gouvernance des biens communs. Pour une nouvelle approche des ressources naturelles,* De Boeck, 2010.

Suivre pas à pas les méandres de cette évolution est de notre point de vue très éclairant pour comprendre les enjeux complexes et pluridimensionnels qui se dessinent dans la conception des politiques publiques. Les conséquences de cette évolution font que la dichotomie entre propriété publique/propriété privée, domaine public/domaine privé qui reposait sur la tension intérêt général/intérêt privé, a perdu une grande partie de sa pertinence. Le paysage apparait de manière quelque peu brouillé.

Chapitre 2.

Les propriétés publiques au défi de la crise du service public

Le voyage se poursuit par une longue escale dans l'univers des services publics, point de mire du droit public. L'observation du haut d'un promontoire de cette cathédrale que constituent les services publics, permet de s'initier au style architectural classique, caractéristique de l'État Providence et de la modernité. Ce patrimoine, qui était assis dans la tradition française sur un triptyque combinant un critère organique, un critère matériel et un critère finaliste s'est fragilisé.

Au stade de notre périple, il s'agit d'arpenter les multiples circonvolutions du service public, en proie à un processus de déconstruction et de reconfiguration qui confèrent aux propriétés publiques une architecture complexe, aux contours composites[18].

La qualification du service public s'adosse à plusieurs critères qui désignent simultanément ou alternativement un contenant en tant que régime juridique, un contenu en tant qu'activité, un organe prestataire chargé de la production du service lui-même et enfin une but poursuivi dans la réalisation d'une mission d''intérêt général[19].

En ce qui concerne la détermination du régime juridique des propriétés publiques, c'est l'identification de

---

[18] Manola Antonioli, Jacques Derrida, *De la ville refuge au droit de résidence, in le territoire des philosophes*, La Découverte, p. 139.
[19] M. Lombard *préc.*, p. 509.

l'organe gestionnaire, en tant que critère organique de la qualification du service public, qui s'avère être le plus important. Ce pourra être l'État, une région, un département, une commune, un établissement public administratif (EPA) ou un établissement industriel et commercial (EPIC). Le critère organique intervient clairement ici dans l'opération de qualification, puisque les personnes de droit privé ne peuvent être à la tête d'une propriété publique, ce qui exclut du champ de l'observation les organismes de droit privé à qui les pouvoirs publics délèguent une mission de service public.

Comme pour les propriétés publiques, le lien avec la puissance publique peut être plus ou moins étroit ou plus distendu et c'est à ce niveau qu'intervient la ligne de partage des eaux entre le droit privé et le droit public. En effet, plus on se rapproche de la problématique du marché et de l'activité économique, moins les prérogatives de puissance publique sont légitimes à se manifester. Cependant, le caractère irréductible de l'intérêt général ne peut se dissoudre dans les logiques du marché ce qui justifie pleinement le maintien du service public dans la sphère du public, avec comme point d'ancrage la notion d'affectation.

1. Les propriétés publiques, support de l'État Providence

Le développement des missions de l'État Providence qui agit pour pallier la carence de l'initiative privée et pour garantir un modèle de société solidaire, s'est traduit par une augmentation symétrique des services publics avec comme support les propriétés publiques. La création d'équipements sportifs, sanitaires, culturels, éducatifs et sociaux, ainsi que la réalisation d'infrastructures routières, ferroviaires, aéroportuaires, énergétiques en vue de satisfaire l'intérêt général et aussi de soutenir l'activité économique, nécessite une forte mobilisation de terrains, de biens immobiliers et mobiliers. Le raisonnement juridique formalisé par le Conseil d'État, à travers la notion d'affectation, a contribué à renforcer le système de légitimation de la notion de domanialité publique, en tant que condition indispensable de la satisfaction de l'intérêt général dans le cadre des missions de service public.

Le critère d'affectation d'une dépendance du domaine public au service public s'est imposé progressivement, pour être véritablement consacré dans de nombreux arrêts comme celui de la Société Le Béton rendu en 1956[20]. Le Conseil d'État a jugé, par exemple, que les infrastructures composant le port industriel de Bonneuil sur Marne et exploitées par un établissement public faisaient partie intégrante du domaine public dans la mesure où elles constituaient un aménagement spécial irremplaçable pour l'accomplissement du service public.

Un raisonnement similaire a été tenu pour l'Allée des Alyscamps de la ville d'Arles, qui fut intégrée dans son domaine public, en raison d'*un aménagement spécial*, de fait très modeste[21]. En effet, la simple pose d'une chaîne à l'entrée du site archéologique a suffi pour justifier l'affectation de ces fameuses allées au domaine public de la ville, en tant que support du service public culturel. Dans le droit fil de cette jurisprudence, ce sont les stades, les bâtiments municipaux, les halles municipales, les musées, les lieux culturels qui ont été soumis au régime de la domanialité publique.

---

[20] Conseil d'État, 19 octobre 1956, *Société le Béton,* Légifrance.
[21] Conseil d'Etat, 11 mai 1959, *Sieur Dauphin.*

Cette notion d'aménagement spécial a fait l'objet d'une abondante jurisprudence tant les critères permettant de la qualifier semblaient flous. Aujourd'hui, depuis l'entrée en vigueur du code des propriétés publiques des personnes publiques, la notion d'*aménagement indispensable*, d'apparence plus restrictive, s'est substituée à la notion d'aménagement spécial. Mais toutes les imprécisions n'ont pas été levées pour autant et quelques questions restent en suspens.

À titre d'illustration, on peut évoquer la situation de l'affectataire qui n'est pas le propriétaire du bien, ou celle du propriétaire qui n'assume pas ses responsabilités en matière d'entretien. Dans ce cas, il n'est pas rare que l'affectataire se substitue au propriétaire pour assurer les charges d'entretien. Les édifices cultuels offrent un bon exemple de ce type de situation dans laquelle les communes ne peuvent plus assumer les charges d'entretien des églises inscrites dans le domaine public communal. Dans ce contexte de pénurie budgétaire, les curés affectataires se voient contraints d'engager des travaux de rénovation pour l'entretien du patrimoine qui leur est confié.

Une autre question sensible s'est posée, celle de savoir si les établissements publics pouvaient être propriétaires ou non du domaine public. Ce sujet a fait l'objet de vives controverses doctrinales, et de divergences d'interprétation entre le Conseil d'État et la Cour de Cassation. La jurisprudence était en effet hésitante pour reconnaître la capacité des établissements publics à être propriétaires de leur patrimoine public. Seuls l'État et les collectivités territoriales étaient propriétaires du domaine public. C'est un arrêt du Conseil d'État du 21 mars 1984, *Sieur*

Mansuy[22], qui opère le revirement de jurisprudence, à propos de l'Établissement Public d'Aménagement de la Défense, (EPAD). Le juge reconnaît que la dalle centrale située dans le quartier des affaires de la Défense et dont l'EPAD était propriétaire, faisait partie du domaine public de l'établissement, avec toutes les conséquences juridiques en terme d'entretien et de mise en œuvre de responsabilité. Depuis cette décision, la domanialité publique des biens appartenant aux établissements publics ne fait plus de doute. Cette jurisprudence a été confirmée dans de nombreuses affaires comme celle jugée à propos du gérant – *Sieur Thomas* – de la librairie du Museum d'histoire naturelle, celle de la Cinémathèque ou de l'Institut de France.

Dans chacune de ces affaires, les conseils d'administration de ces établissements publics se sont vus reconnaitre le pouvoir de décision pour renouveler ou interrompre les conventions d'occupation privative délivrées à des personnes privées. La propriété conférée aux établissements publics est assortie de toutes les prérogatives de gestion qui en découlent.

Le patrimoine domanial des établissements publics s'est accru de manière considérable en raison du processus de transfert massif de biens de l'État au profit des différents établissements publics, gestionnaires du service public. C'est le cas du transfert des immeubles aux établissements hospitaliers, ou plus récemment, du patrimoine immobilier aux universités, organisé dans le cadre de la loi dite LRU.[23]

---

[22] CE 21 mars 1984, *Sieur Mansuy.*,

[23] Loi n° 2007-1199 du 10 août 2007 *relative aux libertés et responsabilités des universités.*

2. La crise du service public et le processus de « grignotage » des propriétés publiques

Le nouveau paysage qui se découvre à l'horizon et dont on peine à saisir les contours, forme une nouvelle constellation dans la représentation du service public. Il confirme cependant le champ de vision identifiant les liens indissolubles qui existent encore entre les propriétés publiques et les services publics.

Le droit des propriétés publiques est entré dans une période de grande turbulence et ceci en lien direct avec la crise du service public. Alors que le compromis politique et social opéré dans l'entre-deux guerres avait tranché dans le sens d'une extension progressive des propriétés publiques, ceci afin d'accompagner des missions d'intérêt général de plus en plus larges, un processus inverse s'est amorcé à partir des années 1980 pour s'amplifier à l'époque la plus récente. Le mouvement de réduction de la domanialité publique détenue par les établissements publics a été amorcé à la fois par le Conseil d'État et par le législateur, dans un contexte politique et économique de crise de l'État Providence. La progression d'une vision néolibérale de l'action publique n'est pas étrangère à cette orientation.

Les promoteurs du New Public Management qui ont largement influencé les modèles de gestion publique en Europe, ont conduit en effet à banaliser la frontière entre la sphère publique et la sphère privée[24]. La relation entre l'interventionnisme politique et économique, en lien avec la possession d'un patrimoine public important s'est

[24] Alain Bernard, *L'analyse des politiques publiques aux prises avec le droit*, sous la direction de Didier Renard, Jacques Caillosse, Denys de Béchillon, L.G.D.J, 2000.

distendue au profit de la toute-puissance du marché. Par ailleurs, la vision *propriétariste* des biens publics, désormais centrée sur l'objectif de valorisation, a contribué à altérer la conception traditionnelle de la domanialité.

La crise du service public, conséquence ou cause de la crise de l'État Providence, a eu pour effet de provoquer un phénomène de repli et de recentrage des pouvoirs publics sur les missions régaliennes, ce qui a entraîné un processus de grignotage des propriétés publiques. La réduction comme peau de chagrin des propriétés publiques connaît depuis quelques années une ampleur inégalée. Le droit de la concurrence portée par la logique du grand marché de l'Union européenne a largement contribué à renforcer ce processus.

La crise financière qui sévit en Europe depuis 2008 et les plans de rigueur imposés à la Grèce, à l'Espagne, au Portugal, à l'Irlande ou à la France ont eu pour effet d'opérer une réduction drastique du périmètre de l'action publique. La vente de quelques îles grecques et la privatisation de nombreux équipements publics en Espagne et au Portugal ont eu pour conséquence de réduire très massivement les propriétés publiques et donc l'étendue des missions de service public. L'exigence de réduction de la dette imposée par l'Union européenne contribue à fragiliser l'équilibre politique et social instauré après la seconde guerre mondiale.

La France n'a pas échappé à cette politique de vente des bijoux de famille. Si l'on se réfère au site de France Domaine qui gère le patrimoine public dans un souci de valorisation, le nombre de propriétés publiques mises en vente depuis 2008 est tout à fait impressionnant. Et malgré les quelques mobilisations très médiatisées pour maintenir dans le patrimoine public des immeubles prestigieux comme l'Hôtel de la Marine, place de la Concorde, le processus de vente est de grande ampleur. Le site du ministère de l'économie et des finances dédié spécifiquement au suivi des cessions immobilières de l'État permet de suivre avec précision les ventes réalisées par France Domaine sur une année et de prendre la véritable mesure de cette politique.

3. La gestion des propriétés publiques à l'épreuve du droit européen de la concurrence

Le droit de la concurrence qui s'est imposé comme un pilier de l'édifice communautaire exerce une forte influence sur l'ensemble du bloc de la légalité. Ce dernier répond à deux objectifs : un objectif économique fondé sur la notion de marché libre et sans entraves permettant de dynamiser l'activité des entreprises, et un objectif politique, qui sous-tend la construction européenne depuis le Traité de Rome et qui consiste à réaliser le grand marché intérieur. Or, pour établir une concurrence non faussée dans le marché commun, la suppression des entraves nationales, réglementaires et institutionnelles s'imposait comme une nécessité. La construction de l'Union européenne a eu pour effet de bousculer les références nationales et les cultures locales pour trouver un compromis acceptable et applicable à l'ensemble des États membres. C'est pourquoi, la vision française des propriétés publiques, intimement liées aux notions de service public et de domaine public a subi une grande transformation sous l'influence du droit européen de la concurrence.

3.1. La grande transformation des repères du service public à la française et ses conséquences sur la vision des propriétés publiques

Plus qu'une véritable remise en cause des règles fondamentales de l'affectation à l'intérêt général tendant à faire disparaître les caractères essentiels de la domanialité publique, le droit de la concurrence a modifié en profondeur les lignes de l'interventionnisme économique assumé par les pouvoirs publics, dans le cadre d'une économie administrée et encadrée dans la structure des EPIC. Il s'en est suivi une série de privatisations, avec notamment la suppression des monopoles de service public gérés sous la forme des établissements industriels et commerciaux dans le domaine énergétique, du transport et des télécommunications. Il a fallu par ailleurs clarifier la nature juridique des biens publics détenus par les entreprises publiques et préciser leur rôle spécifique dans le cycle économique, ce qui supposait de faire la distinction entre deux catégories de biens : ceux qui participent à une activité économique d'entreprise et qui sont naturellement soumis aux règles de la concurrence, et ceux qui, par nature, ne relèvent pas des règles du marché. Plusieurs textes européens ont contribué à clarifier le fonctionnement des services publics en Europe en distinguant deux concepts : le service d'intérêt économique général et le service universel.

Le service d'intérêt économique d'intérêt général, formalisé au cours des années 1990, a été consacré par l'article 106 du Traité fondamental de l'Union européenne (TFUE) et à l'article 36 de la Charte des droits fondamentaux de l'Union. « Les entreprises chargées de la gestion d'un service d'intérêt économique général ou présentant le caractère d'un monopole fiscal sont soumises aux règles de concurrence ». En contrepoint, **la notion de service universel** est venue compléter et nuancer la notion de service d'intérêt économique général. « La notion de service universel désigne, en droit de l'Union européenne, un ensemble d'exigences d'intérêt général dont l'objectif est de veiller à ce que certains services soient mis à la disposition de tous les consommateurs et utilisateurs sur la totalité du territoire d'un État membre, indépendamment de leur position géographique, au niveau de la qualité spécifiée et compte tenu des circonstances nationales particulières, à un prix abordable ».

3.2. D'une économie administrée à une économie régulée : les nouveaux enjeux de la gouvernance des propriétés publiques

C'est autour de la notion de régulation que s'organise le nouveau système de gestion des propriétés publiques. L'étendue du service public se trouve définie sur la base de nouveaux critères qui permettent d'opérer une distinction entre ce qui relève de l'activité économique stricto sensu et ce qui est inscrit dans l'ordre du pouvoir régalien. Cependant rien n'est figé de manière définitive et si l'on se réfère aux termes utilisés par le juge « l'exercice des fonctions régaliennes n'exclut pas pour autant la prise en compte des données d'ordre économique dans le cadre de la gestion patrimoniale d'une ressource publique rare, telle que les radiofréquences composant l'espace public hertzien ».

La question de l'attribution des licences UMTS est à cet égard significative du système de compromis opéré par le juge entre les intérêts de l'État luttant contre la fracture numérique et ceux des opérateurs du réseau. Cependant, l'évolution de la technologie et le passage à la TNT tend à rendre obsolète le modèle institutionnel mis au point dans les années 1980. Le régime juridique de l'attribution des fréquences radioélectriques a été précisé par l'article 10 de la loi du 17 janvier 1989, modifiant la loi du 30 septembre 1986. En spécifiant que « l'utilisation par les titulaires d'autorisation de fréquences radioélectriques disponibles sur le territoire de la République constitue un mode d'occupation privative du domaine public », le texte tranche un débat très ancien concernant la nature juridique du domaine hertzien. La justification de cette qualification réside dans l'idée de rareté des ondes et du risque permanent de brouillage. L'attribution des fréquences qui est assurée sur un mode centralisé avec l'intervention de deux instances, le conseil supérieur de l'audiovisuel (CSA) et l'autorité de régulation des communications électroniques (ARCEP), fait l'objet de vives discussions en raison du bouleversement opéré par la TNT.

L'enjeu du débat est celui de savoir s'il est encore pertinent de maintenir ce mode de gouvernance dans un contexte où le critère de la rareté des fréquences n'est plus d'actualité. Mais en sens inverse, des pans entiers de l'économie des services publics ont été fragilisés sous la pression d'une vision dogmatique du droit de la concurrence insufflé par le droit européen. Il en est résulté mécaniquement une réduction significative du périmètre de la domanialité publique, comme conséquence directe du changement de statut de nombreux établissements publics qui sont sortis de la logique de l'économie administrée par l'État pour rentrer dans la sphère du marché concurrentiel.

4. Les conséquences du changement de statut des grandes entreprises publiques sur la réduction du champ des propriétés publiques

Le droit de l'Union européenne a obligé à rompre avec l'idée d'une puissance publique qui se déployait traditionnellement entre un pouvoir de gestion et un pouvoir de police. Le fondement *propriétariste* de la gestion des propriétés publiques qui constituait le support d'une activité économique ouverte à la concurrence, ne pouvait plus rester exclusivement dans l'escarcelle du pouvoir régalien. Et selon cette conception, s'est posée la question de la compatibilité des monopoles publics des États membres qui assurent des missions de service public et qui protègent des secteurs sensibles de l'économie avec les objectifs d'intégration communautaire.

La remise en cause du statut d'établissement public industriel et commercial dans les secteurs d'activité à connotation commerciale, combiné au mouvement de privatisation des entreprises publiques gérées sous forme d'établissement public ont conduit à une sortie massive des biens du domaine public vers le secteur privé. Et ce sont principalement les domaines de l'énergie, des activités postales et des transports qui ont été directement influencés par ce phénomène de mise en concurrence.

4.1. Les entreprises de réseau de communication et d'énergie

Le mouvement de privatisation a été amorcé en 1990 avec la disparition du service public de la Poste et des Télécommunications et la création de la société France Telecom. Les nouveaux statuts adoptés pour France

Telecom, devenue une société anonyme régie par le droit privé ont eu pour conséquence d'opérer le transfert, en pleine propriété, du patrimoine de l'État à France Telecom. Dans sa décision du 23 juillet 1996, le Conseil Constitutionnel a considéré que la règle de l'inaliénabilité n'avait pas été violée, dans la mesure où le transfert de propriété ne s'est fait qu'à l'issue de l'opération de déclassement des biens.

Concernant le service postal, le processus de privatisation s'est inscrit dans une temporalité plus longue et plus progressive. C'est la loi MURCEF du 11 décembre 2001 qui opère la première transposition des directives communautaires en procédant au déclassement des biens de La Poste. Le déclassement des propriétés publiques de la Poste a eu pour effet immédiat de permettre la vente de ces biens, et ce sont les bureaux de poste peu rentables et situés en milieu rural qui furent les premiers concernés[25]. Cette politique de vente des bureaux de poste a contribué à distendre le maillage très serré du territoire qui se concrétisait par la présence d'un bureau de poste dans chaque commune, et l'on peut même trouver sur le Bon Coin l'offre de vente. La loi de 2001 prévoyait un mécanisme permettant à l'État de s'opposer à la cession d'un bureau de poste lorsque celle-ci pouvait porter atteinte à la continuité du service public. Bien qu'un certain nombre de palliatifs aient été imaginés – comme les points-postes dans les cafés ou maisons de la presse, les agences postales en milieu rural ou péri-urbain, ou les maisons de services publics – le principe et l'exception ont

[25] Loi n° 2001-1168 *portant mesures urgentes de réformes à caractère économique et financier*, Journal Officiel, 12 Décembre 2001.

été inversés, puisque la possibilité d'aliéner un bien devenait la règle et l'impossibilité de vendre l'exception[26].

Concernant le secteur de l'énergie, le mouvement a été amorcé par un arrêt du Conseil d'État de 1998 qui consacre la sortie du domaine public de biens appartenant à EDF[27]. Puis, la loi du 9 août 2004 formalise le processus de privatisation selon un montage qui servira de cadre à l'ensemble des entreprises publiques. Le principe retenu consiste à distinguer d'une part, les opérations de service et de commercialisation qui sont pris en charge par une société commerciale soumise aux règles de la concurrence et du marché et d'autre part, l'infrastructure du réseau qui reste dans le domaine public. Cohabitent aujourd'hui deux entités juridiques que sont EDF et ERDF pour l'électricité, GDF et GRDF pour le gaz. Les graves difficultés financières rencontrées par EDF montrent les limites du modèle capitalistique adopté pour les entreprises de réseau.

4.2. Les entreprises gestionnaires des infrastructures de transport

Le transport aérien offre une première illustration du processus de privatisation du service public. Le changement de statut de l'établissement public des aéroports de Paris –devenu A.D.P en 2005 et aujourd'hui *Paris Aéroport*– a entraîné la sortie mécanique du domaine public des biens aéroportuaires. Dix ans plus tard, en 2016, ce sont les aéroports de Toulouse, de Lyon et de Nice qui sont concernés par ce processus de

[26] Loi du 9 février 2010 *relative à l'entreprise publique La Poste*.
[27] CE assemblée, 23 octobre 1998, *Électricité de France*, Legifrance.

privatisation dans un climat politique tendu et controversé. En effet, c'est la Chine qui s'est déclarée candidate et a obtenu gain de cause pour acquérir 49,9 % des parts de l'État de l'aéroport de Toulouse. Un référendum organisé sur le bien-fondé de la privatisation de l'aéroport de Nice a suscité une opposition de la population qui refuse ce principe à 97%.

D'une manière assez similaire, la privatisation en 2005 des sociétés d'autoroute a fait l'objet d'un débat passionné à l'Assemblée Nationale. Ce transfert de propriété a supprimé pour l'État propriétaire le bénéfice des résultats engrangés par les droits de péage, ce qui constitue un manque à gagner tout à fait considérable. À ce propos, il est intéressant de souligner que les clivages politiques habituels se sont trouvés inversés puisque c'est l'UMP et l'UDF qui s'opposaient à la privatisation dénonçant le fait que « pour boucler les fins de mois, on ne vend pas les bijoux de famille ». De même, une différence de point de vue est apparue entre le ministère des transports qui souhaitait conserver la mainmise sur le capital des sociétés d'autoroutes, car une fois le coût de l'infrastructure amorti, un retour sur investissement chiffré à 37 milliards d'euros de dividendes pouvait revenir au budget de l'État. En revanche, le point de vue du ministère de l'économie et des finances, inscrit dans le temps court et relié à la contrainte de la réduction de la dette, faisait valoir un gain immédiat de 8 milliards d'euros. Le recours pour excès de pouvoir formé au Conseil d'État par François Bayrou s'est traduit par le rejet du recours. La privatisation du capital des principales sociétés concessionnaires que sont Cofiroute, Les Autoroutes du Sud de la France (ASF), l'Autoroute Paris Rhin Rhône et les Sociétés des Autoroutes du Nord et de l'Est de la France (SANEF) a été effective à la fin de l'année 2005. Mais cette question est de nouveau au cœur de l'actualité en raison du conflit qui oppose le département de Saône et Loire et la société des autoroutes Paris-Rhin-Rhône au sujet du statut juridique des actions détenues par le département. Au-delà de l'aspect très technique de ce contentieux qui a évolué jusqu'en cassation, c'est l'opposition entre les logiques financières et les logiques de protection des intérêts publics qui se trouve posée, et dans cette affaire, c'est bien la logique du marché qui l'a emporté.

4.3. Le cas de la SNCF, un révélateur des hésitations du législateur

L'évolution de la gestion du patrimoine ferroviaire est également significative des enjeux actuels de la gestion des propriétés publiques. Elle offre en effet une illustration parfaite de la tension entre la nécessaire valorisation du patrimoine public et le maintien de l'intégrité des infrastructures comme condition de la sécurité. La SNCF possède environ 3 000 gares réparties sur l'ensemble du territoire, sur une superficie d'environ 2 000 000 m^2. Ces plates-formes qui sont empruntées chaque jour par des milliers de voyageurs sont le support d'une activité commerciale intense, sources de revenus très importants pour la SNCF et constituent le support de la valorisation du domaine public. S'agissant de l'exigence de protection, c'est en suivant l'évolution du cadre institutionnel de l'opérateur ferroviaire que l'on peut prendre la mesure des enjeux qui ont dû être pris en compte par le législateur.

Suite à la nationalisation des sociétés concessionnaires en 1937, la Société Nationale des Chemins de Fer Français (SNCF) s'est vue attribuer la gestion et l'exploitation du réseau ferroviaire. En 1982, la SNCF devient un établissement public à caractère industriel et commercial (EPIC). En 1995, dans le souci du respect de la directive européenne du 29 juillet 1991 relative au développement des chemins de fer communautaires, la SNCF a fait l'objet d'une première transformation de son statut. La loi du 13 février 1997 poursuit le processus de réforme en créant Réseau Ferré de France (RFF) qui se voit confier la fonction de gestionnaire des infrastructures ainsi qu'une grande partie de la dette de la SNCF (26 milliards d'euros). Ce changement de statut de la SNCF et la création de RFF ont eu pour conséquences de modifier le périmètre de la domanialité publique. Les biens constitutifs de l'infrastructure comme les voies ferrées, les ouvrages d'art, les passages à niveaux, les installations électriques et les immeubles non affectés à l'exploitation du service de transport sont apportés en pleine propriété à Réseau ferré de France. Restent dans la propriété de la SNCF, les gares, les quais et tous les équipements permettant d'accéder aux trains. Mais à la différence de la situation précédente qui conférait à la Poste et à France Telecom un statut de société privée, RFF est demeuré un établissement public, ce qui implique que les biens transférés, s'ils ne font plus partie du domaine public de l'État, demeurent néanmoins dans la domanialité publique de l'établissement public. Un droit de péage est instauré pour la SNCF en tant qu'utilisatrice du réseau ferré, mais ce dernier s'est avéré largement insuffisant pour maintenir un niveau de qualité et de fiabilité des infrastructures.

La dégradation du réseau secondaire n'a cessé de s'amplifier depuis le début des années 2000. Plusieurs études, notamment celle de l'École polytechnique de Lausanne ont souligné ce processus de défaillance dans l'entretien des voies et des ouvrages d'art. Par ailleurs, les conflits entre la SNCF, RFF et les instances régionales, qui ont pris en charge les TER par des politiques d'investissements tout à fait considérables sur le matériel roulant, révèlent le déficit croissant de l'état des infrastructures qui ralentit la vitesse de circulation. L'accident ferroviaire de l'été 2013 à Brétigny sur Orge dont la cause est clairement liée au problème d'entretien est venu confirmer cet état de fait.

Dans ce contexte tendu, une nouvelle réforme de la SNCF et de RFF est intervenue avec l'adoption de la loi du 4 août 2014. La loi met fin à la séparation actuelle entre RFF et SNCF. Un nouveau groupe public ferroviaire est constitué autour d'un établissement public « mère » : la SNCF et de deux établissements publics « filles » : le gestionnaire d'infrastructure SNCF réseau et l'exploitant ferroviaire SNCF mobilités. L'établissement mère assure le contrôle et le pilotage stratégique, la cohérence économique et l'unité sociale du groupe public. SNCF réseau rassemble dans une seule structure les acteurs chargés de la gestion de l'infrastructure. Quant à la filiale SNCF mobilités, elle exerce les activités de transports collectifs des passagers et des marchandises. L'ensemble du groupe SNCF est dirigé par un directoire composé du Président de SNCF Réseau et du Président de la SNCF Mobilités. Un pacte national pour l'avenir du service public ferroviaire est institué dans le but de renforcer le service public sous le contrôle de l'Autorité de Régulation des Activités Ferroviaires (ARAF). L'adoption de ce nouveau statut pour la SNCF est significative à la fois d'un changement dans les représentations, mais aussi des hésitations des pouvoirs publics pour concevoir des politiques publiques innovantes et adaptées aux nouveaux enjeux. La question que l'on peut se poser est celle de savoir si le modèle adopté pour le secteur ferroviaire sera transposé à l'ensemble du secteur de l'énergie. Mais ce qui apparait de manière criante, c'est la nécessité d'imaginer de nouveaux modèles de politiques publiques ayant pour support les propriétés publiques, qui soient en phase avec les exigences de la modernisation de l'action publique, tout en conciliant les logiques de solidarité, d'intérêt général et de protection de l'environnement.

Chapitre 3.

La gouvernance des propriétés publiques à l'épreuve du New Public Management

Sur le chemin escarpé surgissent de nouvelles manières de penser et de compter. La réduction du champ des propriétés publiques s'inscrit dans un cadre théorique qui contribue à dessiner une vision renouvelée des politiques publiques. Celle-ci se décline sous le référentiel du management public et se conjugue autour des concepts de modernisation, de rationalisation, de valorisation. C'est avec la figure du rhizome[28] *comme image dans la tête que nous tenterons de rendre compte des multiples ramifications du processus de modernisation des politiques publiques.*

Nous avons quitté les chemins balisés de la simplicité pour nous introduire dans les dédales de la complexité. Qu'il s'agisse des règles de la comptabilité publique, de la réforme du service des domaines, de la valorisation du patrimoine immobilier des personnes publiques, de la restitution des biens mal acquis et des montages financiers, tout converge sur la problématique de la valorisation des propriétés publiques.

[28] Gilles Deleuze et Philippe Guattari, *Mille Plateaux*, Éditions de Minuit, 1980.

1. La réforme de la comptabilité publique et son impact sur la gestion des propriétés publiques

La loi de finances du 1er août 2001 fait partie de ces grandes révolutions silencieuses qui, bien que d'apparence très technique, ont de nombreuses répercussions et incidences sur l'ensemble du dispositif juridique, ainsi que sur la conception des politiques publiques. Cette nouvelle constitution financière de l'État issue de la loi organique appelée LOLF, comporte deux aspects essentiels : la création d'une nouvelle architecture budgétaire qui identifie les politiques publiques financées et la rénovation de la comptabilité de l'État sur la base de nouvelles normes. Désormais, les crédits sont spécialisés par dotation de programme. Chaque programme correspond à la mise en œuvre d'une action ou d'un ensemble cohérent d'actions relevant d'un même ministère et auquel sont associés des objectifs précis, en fonction de finalités d'intérêt général et des résultats attendus. Ces derniers sont soumis à une évaluation systématique.

L'innovation principale de la LOLF résulte de l'abandon du principe de spécialité des crédits et de la mise en place des notions de globalisation et de fongibilité. La LOLF a introduit également un nouveau référentiel dans la conception du patrimoine public : la notion de valorisation du patrimoine public, qui était relativement étrangère à la culture administrative, fait une entrée en force dans la gestion domaniale. En effet, la comptabilité publique traditionnelle de l'État, telle qu'elle résultait de l'ordonnance de 1959 ne comportait pas d'approche patrimoniale.

L'impact de la LOLF sur la gestion du domaine public peut s'analyser à deux niveaux. En premier lieu, dans son article 3, la LOLF « dispose que les revenus courants du domaine public font partie des ressources budgétaires de l'État ». Les charges budgétaires de l'État sont regroupées sous différents titres dont l'un s'intitule : les dépenses pour les immobilisations corporelles de l'État. En second lieu, la LOLF prévoit la création d'un compte d'affectation spéciale pour les opérations immobilières importantes. Ce compte doit retracer l'intégralité des recettes de cession et les dépenses de réimplantation des services, avec l'objectif que 15% des recettes soient affectées au désendettement de l'État.

La manière de gérer les propriétés publiques se trouve donc profondément bouleversée sous l'effet de ces nouvelles règles de comptabilité publique. L'introduction d'une vision finaliste de la gestion publique inscrit désormais la gestion des propriétés publiques dans une logique de culture de résultats liés à la définition d'objectifs. C'est véritablement la consécration de la rationalité managériale, qui se substitue à la rationalité administrative qui avait dominé pendant plus d'un siècle.

Cette nouvelle vision de la gestion des dépendances du domaine public n'est pas sans conséquences sur les représentations traditionnelles qui fondaient la distinction entre domaine public et domaine privé. De fait, les biens du domaine public étant soumis aux mêmes règles de gestion que ceux du domaine privé, c'est toute la question du critère de distinction qui se trouve revisitée.

2. La création de France Domaine et l'impulsion d'une politique immobilière intensive

Au début des années 2000, l'État était encore à la tête d'un patrimoine immobilier très important. Selon le tableau général des propriétés de l'État (TGPE), le montant global de ce patrimoine était évalué en 2004 à

32,8 milliards d'euros. Cependant, malgré son importance, la politique patrimoniale s'était révélée insuffisante et souvent inadaptée aux contraintes de plus en plus pressantes de la charge de la dette. La prise de conscience de la modernisation de la gestion du patrimoine public est une réalité ancienne, puisque les premiers travaux datent des années 1960[29]. Mais ce n'est finalement qu'en 1997 que l'impulsion en vue de l'amélioration de la gestion du patrimoine de l'État est lancée pour être institutionnalisée par le gouvernement Raffarin en Juillet 2003. L'obligation de se conformer aux critères de Maastricht impose aux États membres de l'UE, une double limitation du déficit budgétaire public à moins de 3% du PIB et de la dette publique à 60% du PIB, ce qui incite le gouvernement à trouver des marges de manœuvre. Plusieurs initiatives sont prises dans le sens de la valorisation du patrimoine immobilier des collectivités publiques.

2.1. La première initiative de grande ampleur concerne les immeubles de bureaux

C'est l'ordonnance du 19 août 2004 prise en application de la loi du 2 juillet 2003 habilitant le gouvernement à simplifier le droit qui amorce un processus désormais inéluctable de valorisation des propriétés publiques[30]. Ce texte autorise le déclassement massif des immeubles à usage de bureaux appartenant à l'État et à ses établissements publics, ce qui a pour effet de

[29] Rapport d'information sur la gestion et la cession du patrimoine immobilier de l'Etat et des établissements publics, Assemblée Nationale, 6 juillet 2005.

[30] Etienne Fatôme, *Le statut des immeubles à usage de bureaux des personnes publiques après l'ordonnance du 19 août 2004,* AJDA, 24 mars 2005, p. 584.

les faire sortir du domaine public de l'État, de les intégrer dans le domaine privé et de permettre leur mise en vente.

2.2. Un travail d'inventaire systématique du patrimoine immobilier de l'État

Un travail d'inventaire des biens immobiliers appartenant à l'État a été conduit sous la responsabilité du service des domaines, dont l'origine remonte à la loi de 1791. Chaque ministère a dû participer à ce travail de vérification des données en termes de surface, d'année de construction, d'utilisation effective ou non. C'est dans ce contexte que plusieurs rapports de la Cour des Comptes ont mis en lumière la mauvaise gestion immobilière de certains ministères[31]. Parmi les exemples significatifs d'une gestion dispendieuse des biens publics, le transfert de l'ENA à Strasbourg qui laissait en plein cœur de Paris un immeuble utilisé uniquement par quelques stagiaires, le rendant par là même invendable, est souvent cité[32]. Dans le même temps, d'autres études soulignaient le fait que l'État et les collectivités territoriales connaissaient mal leur patrimoine immobilier[33], en raison du manque de données précises le concernant.

Les hôpitaux et groupements hospitaliers sont particulièrement concernés par ce travail de recensement de leur patrimoine non affecté à la mission de soin et souvent mal connu des directions elles-mêmes. Un travail

---

[31] Annexe 6 du rapport de l'Assemblée Nationale sur la mission du 20 Avril 2005 au Ministère de la Culture.

[32] Philippe Yolka, « *ENA, une aliénation sans déclassement* ». AJDA, le 12 décembre 2005.

[33] Audition de M. Arthuis par la Commission des Finances du Sénat, le 26 avril 2000.

d'identification et de définition de nouveaux critères pour leur affectation aux logements de fonction du personnel est actuellement en cours de réalisation. Par ailleurs, sur un plan plus théorique, la valorisation des biens publics vient parfois contredire les grands principes de la gestion domaniale. C'est notamment le cas du principe d'inaliénabilité et du principe de protection de l'intégrité du domaine public.

2.3. La recherche d'un modèle pertinent pour la gouvernance des propriétés publiques

Outre le travail d'inventaire des propriétés publiques, la deuxième étape du processus de modernisation de la gestion immobilière de l'État a démarré en 2007 avec la révision générale des politiques publiques (RGPP). Un premier chantier a consisté à clarifier les responsabilités. Il a été décidé de confier à la direction générale des finances publiques, rattachée au ministre du budget, la responsabilité de représenter l'État propriétaire pour les actes de gestion concernant l'ensemble du patrimoine de l'État sur le territoire national. Par ailleurs, une nouvelle structure instituée, France Domaine, s'est vu confier la gestion de la politique immobilière de l'État, qui est érigée en politique publique à part entière.

Mais l'éclatement des responsabilités partagées, en raison d'un processus de création de structures dont la France a le secret, rend au final peu lisible et peu transparente cette politique publique. Cohabitent en effet la direction nationale d'interventions domaniales (DNID), la mission pour la réalisation des actifs immobiliers (MRAI), avec des structures plus informelles comme les comités ministériels de la politique immobilière ou des structures d'externalisation comme la société de valorisation foncière et immobilière (SOVAFIM).

3. L'inaliénabilité du domaine public à l'épreuve de la valorisation

Les principes d'inaliénabilité et d'intégrité du domaine public se trouvent malmenés dans le cadre des opérations de valorisation. La loi du 18 juin 2014 *dite loi Pinel relative à l'artisanat, au commerce et aux très petites entreprises*, est significative de l'évolution en cours. Elle met en effet en place un système parfaitement dérogatoire, en autorisant la reconnaissance d'un fonds de commerce sur le domaine public dès lors que l'occupant privatif dispose d'une clientèle propre. Cette mesure issue d'un amendement parlementaire ouvre une brèche importante dans la philosophie de la domanialité publique en déplaçant de manière explicite le curseur dans le sens de la marchandisation[34].

3.1. La valorisation au cœur d'un conflit de temporalité

Pour que la propriété publique puisse être vendue, il faut au préalable qu'elle ait été désaffectée et ensuite déclassée. Mais il n'est pas rare qu'un bien provisoirement inutilisé au temps T puisse avoir une utilisation future. De même, la non-affectation effective d'un bien à tel usage ne préjuge pas de son utilité pour une autre utilisation. Le fait de vendre un bien ne peut être une décision prise uniquement sur des contraintes de gestion à court terme,

---

[34] Caroline Chamard-Heim, Philippe Yolka, *La reconnaissance du fonds de commerce sur le domaine public,* AJDA, 8 septembre 2014, p. 1641.

car elle rend définitive la réduction du patrimoine public. De nombreuses affaires illustrent la complexité de l'arbitrage entre les exigences de la protection des propriétés publiques inscrite dans le temps long et orienté vers l'idée de transmission aux générations futures et les logiques gestionnaires tout entière focalisées sur le temps court.

Parmi les affaires les plus médiatisées et à titre d'illustration, l'histoire de la vente par le ministre du budget Eric Woerth d'une parcelle de la forêt domaniale de Compiègne appartenant au domaine forestier de l'État à la Société des courses de Compiègne, est révélatrice des enjeux que représente la gestion contemporaine de la forêt. Ce bien immobilier de l'État est en effet soumis à une gestion bicéphale dans la mesure où il relève d'une part du ministère du budget sous la responsabilité de France domaine et d'autre part de l'ONF, établissement public industriel et commercial.

Au-delà de la polémique concernant cette affaire qui a défrayé la chronique médiatique et dans laquelle il n'est pas utile de rentrer, il importe de souligner combien la gestion de la forêt a toujours été, au cours de l'histoire, l'objet d'une tension récurrente entre la logique de protection et la logique de valorisation.

3.2. L'histoire de la forêt domaniale, une illustration de la tension entre protection et valorisation

Historiquement ancrée dans le processus de construction de l'État moderne, la forêt domaniale a partie liée avec l'histoire de la souveraineté. Le domaine forestier royal commence à prendre de l'ampleur à partir du règne d'Hugues Capet qui instaure une nouvelle règle de dévolution des biens de la couronne. Puis une nouvelle étape dans le processus d'affirmation du pouvoir royal sur la forêt domaniale résulte de l'ordonnance de 1223 qui dessaisit les baillis de la compétence des eaux et forêts pour la confier à une nouvelle autorité *les maîtres des eaux et forêts* qui sont les prémisses d'une première administration chargée de la gestion des forêts. L'ordonnance de Brunoy de 1346 retire définitivement la compétence des eaux et forêts aux baillis et pose les fondations de l'administration forestière. À la fin du XVe siècle, le pouvoir royal met tout en œuvre pour juguler le développement intempestif des droits d'usage reconnus sur la forêt. Au début du XVIe siècle, le roi est amené constater le grand délabrement des forêts et le manque de ressource en bois pour alimenter les besoins en énergie. Une ordonnance de François Ier est prise pour répondre à ces préoccupations. L'ensemble du dispositif tend à encadrer la gestion du domaine forestier. D'une part, les dommages causés en forêt sont considérés comme étant des atteintes *à la chose publique* donc susceptibles de sanctions ; d'autre part, il tend à restreindre la liberté des propriétaires privés en leur imposant des obligations de défrichage. Cette règle fut d'abord intégrée de manière souple par l'ordonnance de Moulins en 1566, puis déclarée d'ordre public par un édit royal de 1607. Au siècle suivant, dans un contexte de déficit budgétaire et pour contourner cette règle de protection jugée très contraignante, le roi va pratiquer la technique des engagements. Il s'agit d'autoriser l'octroi de la jouissance d'un bien à des particuliers contre le versement d'argent, selon les règles déterminées précisément à l'avance, avec la possibilité pour le roi de récupérer le bien en restituant l'argent donné. L'ordonnance de Louis XIV de 1669 pose les règles de la gestion du domaine forestier royal avec les peines encourues par les contrevenants. Le décret du 26 octobre 1795 permet l'aliénation des forêts domaniales pour alimenter les caisses de l'État.

C'est le début d'une nouvelle période d'exploitation intensive des ressources forestières qui se poursuit pendant toute la période révolutionnaire. Au cours du 19ème et au début du 20ème siècle, une protection de plus en plus affirmée de la forêt se confirme avec l'instauration d'une administration générale des eaux et forêts par la loi du 6 janvier 1801. L'arrêté du 10 mars 1802 soumet le bois appartenant aux communes au même régime que les bois nationaux. La loi du 29 avril 1803 interdit le défrichement de la forêt privée sans autorisation de l'administration, mais elle prévoit également la possibilité d'extraire les bois pour les besoins de la marine. Le code forestier promulgué le 31 juillet 1827 a régi pendant plus d'un siècle la politique forestière. Il a été complété par la loi Pisani du 6 août 1963 et par la loi du 23 décembre 1964 qui institue l'ONF, en tant qu'établissement public à caractère industriel et commercial et auquel est confié l'ensemble des forêts publiques domaniales. Cet établissement gère directement un domaine de forêts et d'espaces naturels d'une grande diversité comme les forêts dunaire le long de l'Atlantique, les forêts tropicales de la Réunion de la Guyane, de la Martinique, de la Guadeloupe, les grandes forêts de plaine, et les espaces forestiers de moyenne et de hautes montagnes.

La loi forestière du 4 décembre 1985 consacre le rôle d'intérêt général attaché à la mise en valeur et la protection de la forêt. Puis un nouveau régime forestier est mis en place par la loi du 9 juillet 2001, en réponse à deux évènements majeurs qui ont contribué à repenser les données de la gestion forestière. Il s'agit d'une part d'un évènement récurrent comme les incendies de forêt, et un évènement lié au traumatisme de la tempête de 1999. Cette loi votée à l'unanimité – c'est dire le consensus autour de ce projet – se présente comme une loi d'orientation qui remet en ordre et adapte le code forestier aux nouvelles contraintes environnementales.

En tant qu'espace naturel fragile, la gestion forestière assumée par l'ONF a pour objectif la protection de la biodiversité, la lutte contre le réchauffement climatique et la mise à la disposition de la population urbaine un espace de détente et de loisirs. À ce titre, on est bien en présence d'un véritable service public de la forêt qui légitime la présence d'un régime de protection durable et patrimoniale tout entière orientée sur le temps long et qui justifie l'interdiction de l'aliénation. La protection de la forêt correspond à un besoin d'intérêt général, envisagé sur le mode de la multifonctionnalité.

Cette approche consiste à sortir d'une vision sectorielle de la gestion de la forêt, pour l'envisager dans une perspective multidimensionnelle intégrant l'angle économique, (filière bois) touristique (espace de loisir) environnemental (protection des écosystèmes). La spécificité des forêts en tant qu'éco système est caractérisée par sa diversité géographique, la diversité des propriétaires qui peuvent être l'État, pour les forêts domaniales, les communes pour les forêts communales, les départements pour les forêts départementales ou des propriétaires privés. L'articulation de la politique forestière avec une politique d'aménagement du territoire se traduit par l'élaboration des chartes forestières du territoire. Elles ont vocation à structurer un projet d'aménagement et de développement durable des territoires ruraux en insérant davantage les forêts dans leur environnement économique, écologique, social ou culturel.

Dans le même temps, la dimension stratégique de la filière bois ne peut être négligée[35]. La logique de valorisation passe par une politique d'abattage dans un contexte de concurrence mondiale exacerbée. Cette vision managériale qui s'inscrit dans une temporalité évidemment beaucoup plus courte autorise en revanche une approche moins protectrice de la forêt ce qui rend possible les aliénations.

Compte tenu du rôle joué historiquement par les forêts qui avaient dans le système économique traditionnel une fonction patrimoniale déterminante, ces dernières ont été inscrites dans le domaine privé de l'État. Le statut de la domanialité privé a été consacré par la jurisprudence dans un arrêt du Conseil d'État du 29 novembre, Abamonte contre ONF. La question était celle de savoir si les aménagements spéciaux opérés par l'ONF pour ouvrir la forêt du Banney au public, n'étaient pas de nature à modifier le régime domanial de la forêt. Bien que les deux critères de la domanialité publique soient ici réunis, le Conseil d'État n'a pas jugé bon d'étendre ce régime au domaine forestier.

Cette décision de jurisprudence très contestable et très critiquée par la doctrine a été confirmée par le code général de la propriété des personnes publiques, qui inscrit les forêts domaniales dans le domaine privé des différents propriétaires publics. Seules certaines parties de forêts

---

[35] D. Perron, *de l'inaliénabité du domaine forestier*, RDP 2011, n°5 p. 1136.

bénéficient du label de domanialité publique et font donc l'objet d'une haute protection : il s'agit des promenades publiques spécialement aménagées à cet effet : à titre d'exemple, le bois de Boulogne a été qualifié de « Promenade publique et non de forêt ». Cependant, cette inscription des forêts dans la domanialité privée ne les empêche pas d'être soumises à un certain nombre de contraintes qui en fait un régime hybride proche de la domanialité publique. Le mode de gestion adoptée par l'ONF correspond à une logique de contractualisation, de concertation, et de partenariat.

4. La cession par l'État français de son patrimoine immobilier

Si la crise financière n'est pas à l'origine du processus de cession par les collectivités publiques de leur patrimoine public, elle a sans aucun doute servi de catalyseur et d'amplificateur à ce phénomène. Dans un premier temps, ce sont les établissements publics qui ont amorcé le processus de mise en vente de leur patrimoine faiblement utilisé ou désaffecté. C'est le cas par exemple de RFF, de l'Assistance publique des Hôpitaux de Paris ou des Hospices civils de Lyon, de La Banque de France, ou du ministère de la Défense suite à la décision du Président Jacques Chirac, en 1996, de supprimer le service militaire, ce qui qui rendait inutile de nombreuses casernes.

Puis, le mécanisme de cession a été inscrit dans le paysage juridique avec l'ordonnance du 19 août 2004 qui a fait sortir de la domanialité publique les immeubles accueillant des bureaux affectés aux ministères, pour les intégrer dans le domaine privé, ce qui leur permettait de les louer ou les vendre. Ce texte constitue un véritable tournant dans la politique immobilière de l'État. Le travail systématique d'inventaire s'est conclu par des décisions de vente compte tenu de la prise de conscience qui s'était faite d'une utilisation non rationnelle de certains bâtiments publics.

Un plan pluriannuel de stratégie immobilière des ministères (SPSI) identifiant les cessions programmées a été établi pour la période 2010-2013 et concerne potentiellement 330 000 m2 de surfaces immobilières. Ainsi, on peut citer à titre d'exemple un immeuble du ministère des affaires étrangères situé dans le 16ème arrondissement de Paris qui n'était utilisé qu'à 10% de sa superficie. De même, la rénovation d'un immeuble de 74 000 mètres carrés appartenant au Ministère de la Culture dans le 8ème arrondissement de Paris a entraîné un coût de 130 millions d'euros sans qu'aucun projet d'utilisation ne soit prévu. L'immeuble des *bons enfants* à Paris est resté inoccupé pendant plus de 12 ans, alors que le coût lié aux difficultés de gestion de cet immeuble et de ses travaux de rénovation s'élevait à 200 millions d'euros. Cette politique de cession de certains biens identifiés comme inutiles pouvait parfaitement se justifier, dans le contexte de crise et de réduction du train de vie de l'État. Mais elle a pris une telle ampleur, que l'on peut douter de sa pertinence sur le long terme.

La mobilisation citoyenne contre les projets de valorisation des Hôtels Dieu à Paris ou à Lyon est révélatrice des résistances que suscitent les politiques de vente des immeubles prestigieux au profit de commerce de luxe et qui sont le déni de la culture et de la mémoire collective qui façonnent l'identité d'une ville.

Quant au respect du principe d'intégrité, il constitue une garantie constitutionnelle du droit des propriétés publiques qui interdit théoriquement que ces dernières soient cédées à des personnes privées à un prix inférieur à leur valeur. Affirmée par le Conseil Constitutionnel dans les premières affaires de nationalisation au début des années 1980, la vente à vil prix est interdite de manière constante quand elle doit bénéficier à des opérateurs privés. Une exception à cette règle est cependant autorisée dans l'hypothèse où les biens publics sont cédés à des collectivités territoriales ou à des opérateurs de logements sociaux. Dans ce cas, le principe de la décote est non seulement autorisé mais encouragé.

Cette idée de circulation des biens entre les différentes personnes publiques chargées de mettre en œuvre les politiques publiques est récente et participe largement de ce mouvement de modernisation de la gestion domaniale consacré par le code général des propriétés des personnes publiques.

5. Le processus de restitution des biens du domaine public culturel

La question de la restitution de biens culturels obtenus par la France dans le cadre d'opérations militaires ou au temps de la colonisation est devenue un sujet sensible dans un contexte de prise de conscience du droit des populations autochtones à revendiquer la restitution de leur patrimoine culturel. Depuis une dizaine d'années, un contentieux se développe concernant la question de la restitution.

Une première affaire concerne un morceau de la colonne Vendôme. Le Tribunal administratif de Paris a refusé par un jugement du 9 avril 2004 que le morceau détaché de la colonne Vendôme ne sorte du domaine public et donc soit vendu en raison de l'absence d'une procédure de déclassement préalable et régulière. En l'espèce, Mme Mercier avait reçu en héritage un fragment de la colonne Vendôme, estimé trésor national. Celle-ci envisage d'exporter ce bien en dehors du territoire national. Aussi, elle demande le 13 juin 2000 au ministre de la Culture et de la Communication de lui délivrer un certificat d'exportation, requis par la loi du 31 décembre 1992 relative aux produits soumis à certaines restrictions de circulation. Suite au refus de l'administration, Mme Mercier forme un recours pour excès de pouvoir devant le Tribunal administratif de Paris en vue d'obtenir l'annulation de cette décision, ce qui lui est refusé par le juge.

Suivant un raisonnement similaire, le Tribunal administratif de Rouen a décidé que la tête maorie appartenant au muséum d'histoire naturelle de cette ville ne pouvait faire l'objet d'une restitution par défaut d'un déclassement préalable. La Cour administrative d'appel de Douai a confirmé dans son arrêt du 24 juillet 2008 la décision du tribunal administratif. Puis, la situation a évolué récemment dans un sens véritablement opposé. Dans un premier temps, le ministre de la culture Frédéric Mitterrand a autorisé en 2009 le déclassement de fresques provenant du tombeau de Tetiky en vue de la restitution à l'Égypte. Puis, l'Assemblée nationale a adopté en 2010 la proposition de loi visant à autoriser la restitution des têtes maories. Depuis 2011 ce sont environ une vingtaine de têtes Maories qui ont fait l'objet d'une restitution à la Nouvelle Zélande. La restitution des manuscrits à la Corée constitue également un engagement pris par Nicolas Sarkozy[36].

[36] RDP 2011, n°1.

Un cas particulier de restitution concerne les œuvres d'art inscrites au « répertoire des musées nationaux récupération»[37]. Les œuvres spoliées aux juifs pendant la guerre, bien que conservées par l'État dans ses musées, ne font pas partie du domaine public mobilier. Un régime spécifique de restitution a été organisé pour ces biens afin de permettre aux propriétaires légitimes de faire valoir leurs droits à récupérer les biens dont ils ont été spoliés. Le contentieux jugé par le Conseil d'État réuni en Assemblée le 30 juillet 2014 est particulièrement intéressant car il portait sur le refus du ministre des Affaires étrangères de procéder à la restitution de trois dessins de Van Ostade, de Daumier et de Goya revendiqués par deux autrichiennes qui furent dépossédés de leurs œuvres à la Libération. Cette requête fut accueillie positivement par le juge reconnaissant le caractère imprescriptible de cette revendication de propriété.

6. Des montages juridiques toujours plus complexes au service de la valorisation

Plusieurs montages inspirés du droit privé ont été institués ces dernières années pour assouplir les règles de gestion applicables sur le domaine public et s'inscrire dans la dynamique de valorisation. L'institution, puis la généralisation des baux emphytéotiques qui prennent aujourd'hui des formes variées auxquels se rajoutent les partenariats privés/publics et la pratique des délégations de service public sont les principaux piliers de cette politique de valorisation.

[37] Christian Lavialle, RFDA, nov/décembre 2014, p. 1092.

6.1. Les baux longue durée, un levier de valorisation des propriétés publiques

Les baux emphytéotiques et les baux à construction sont des droits réels octroyés à des occupants privatifs du domaine public, sous forme de contrat de location de longue durée. Ils ont été mis au point pour répondre à la difficulté de valoriser le domaine public, notamment quand il s'agit de réaliser des investissements lourds. Or, sur ce sujet les pratiques ont considérablement évolué : on est passé d'un système d'interdiction à un système de tolérance, puis à un système de reconnaissance qui tend à se généraliser pour aujourd'hui se banaliser.

Dans l'arrêt *Eurolat-Crédit Foncier de France* de 1985, le Conseil d'État interdisait la constitution du bail emphytéotique sur le domaine public des collectivités territoriales. Ce dispositif était jugé incompatible avec les règles de la domanialité publique, et notamment le principe d'inaliénabilité.

Puis, dans un deuxième temps, le législateur a apporté un premier assouplissement à cette interdiction. L'article 13 de la loi n° 88-13 du 5 janvier 1988 d'amélioration de la décentralisation ouvre aux collectivités locales la possibilité de passer des baux emphytéotiques sur leur domaine, à la condition expresse que ce soit dans le cadre de l'exercice d'une mission de service public ou de la réalisation d'une opération d'intérêt général. Le contexte de cette loi est intéressant à rappeler puisqu'il s'agissait de soutenir les équipements des ports de plaisance pour lesquels les collectivités du littoral avaient accumulé beaucoup de retard sans en avoir les moyens de financement.

Ensuite, la loi N° 94-63 du 25 juillet 1994, complétant le code du domaine de l'État a permis l'institution d'occupations privatives constitutives de droits réels sur le domaine public national, mais sans véritablement consacrer le principe du bail emphytéotique sur le domaine public de l'État. Une nouvelle avancée très significative est amorcée dans le monde hospitalier par l'ordonnance du 4 septembre 2003 pour accompagner le processus de rénovation et de modernisation du patrimoine hospitalier. Ce n'est finalement qu'en 2009 et 2010, par deux textes successifs, que l'État et ses établissements publics ont été habilités à contracter des baux emphytéotiques administratifs (BEA) pour deux missions particulières : l'une pour réaliser des logements sociaux sur son domaine public – il s'agit des BEA HLM – et l'autre pour procéder à la valorisation de son domaine public sans obligation de construire.

Ce montage a été imaginé en particulier, pour trouver un compromis acceptable au maintien de l'hôtel de la Marine dans le domaine public de l'État sans que ce dernier en assume la charge de la restauration. Suite au projet de déménagement des services du ministère de la marine de cet ensemble immobilier, un projet de vente avait été initialement imaginé. Mais devant la levée de bouclier contre « ce scandale patrimonial », une commission de réflexion a été confiée à V. Giscard d'Estaing. Celle-ci réaffirme le principe d'inaliénabilité « pour les monuments où se sont déroulés les événements marquants de l'histoire de France /…/ dans lesquels le peuple français a exercé sa souveraineté et présentant une qualité architecturale exceptionnelle », et propose le montage du bail emphytéotique administratif (BEA) comme solution acceptable et moins dommageable pour le maintien de l'intégrité de propriétés publiques à haute valeur symbolique. Une certaine vigilance s'impose cependant pour garantir la sécurité juridique de ce nouveau dispositif.

Il en est de même pour les nombreux montages contractuels de droit privé qui sont actuellement mis en œuvre sur le domaine privé de l'État, des collectivités territoriales ou des établissements publics suite à la désaffectation du bien et à son déclassement. Le bail à construction est fréquemment utilisé comme le révèle l'opération menée par les Hospices Civils de Lyon pour procéder à la rénovation de l'Hôtel Dieu. Le contrat de bail à construction est très proche du bail emphytéotique. La simple différence est qu'il impose au preneur l'obligation d'édifier des constructions sur le terrain du bailleur et d'en assurer le bon entretien pendant toute la durée du bail. En trente ans, on est passé d'un régime d'interdiction à une forme de banalisation. La généralisation des baux emphytéotiques est devenue une règle de gestion et de valorisation des propriétés publiques utilisées principalement par les collectivités territoriales pour la construction de nouveaux équipements dédiés au sport, à la culture ou au culte.

6.2. L'entretien des édifices dédiés au culte, au prisme de la laïcité

Concernant le culte, l'article L.1311-2 du Code général des collectivités territoriales (CGCT) a officialisé une pratique ancienne en consacrant la possibilité pour une collectivité de conclure un bail emphytéotique administratif au profit d'une association cultuelle. Impulsé par le cardinal Verdier en 1931 pour favoriser la construction de nouvelles églises dans la région parisienne, la formule du bail emphytéotique adopté pour les *chantiers du cardinal,* a été ensuite utilisée pour la construction de temples et de synagogues sans que cela ne génère de contentieux particulier.

En revanche, plusieurs affaires récentes concernant la construction des mosquées ont donné lieu à des divergences d'interprétation. Le nœud du débat concerne le montant du loyer souvent dérisoire, demandée à l'association qui peut s'apparenter à une subvention déguisée en contradiction avec l'article 2 de la loi du 9 décembre 1905 selon lequel « la République ne reconnaît, ne salarie ni ne subventionne aucun culte[38] ».

Une manière très habile de contourner l'interdiction de la subvention, a été de combiner la double affectation du projet de mosquée en développant des activités culturelles comme accessoires plus ou moins importants des activités cultuelles. Cette superposition d'affectation n'est pas sans poser des problèmes dans un contexte où le principe de laïcité est particulièrement mis à mal. La référence à l'activité culturelle, à la fois cache-misère, alibi ou prétexte ne semble plus adaptée aux enjeux actuels de la place du religieux dans l'espace public. Une réflexion est en cours pour donner un cadre juridique plus sécurisé à la construction des nouveaux lieux de culte, et notamment des mosquées.

L'affaire du financement de l'ascenseur de la basilique de Fourvière par la municipalité de Lyon permettant une accessibilité aux personnes handicapées a fait l'objet d'un contentieux digne de Cloche Merle opposant les

[38] Stéphane Duroy, D*es nourritures terrestres aux nourritures célestes : le bail emphytéotique administratif cultuel*, RDP 2012, n°2, p. 288.

défenseurs d'une laïcité très étroite et ceux qui défendaient la promotion du lieu comme emblème de l'attraction touristique de la ville. Finalement, c'est ce deuxième point de vue qui a emporté la conviction du juge. Ce dernier a confirmé la légalité des subventions accordées par la ville à la fondation privée gérant le site de Fourvière pour la création de cet ascenseur en raison du rôle touristique essentiel joué par cet édifice cultuel.

6.3. Les partenariats privés/publics

Un autre montage juridique est également très souvent pratiqué pour procéder à la valorisation des propriétés publiques : il s'agit des partenariats privés/publics (PPP). Les PPP sont des contrats conclus par des personnes publiques ou des personnes privées chargées d'une mission de service public pour la conception, la réalisation, la transformation, l'exploitation et le financement des équipements publics. Ce nouveau type de contrat inspiré du système anglais PFI (Private Finance Initiative) a été introduit dans le droit français par l'ordonnance du 17 juin 2004. Un autre dispositif résultant de la loi du 28 juillet 2008 a ouvert la possibilité de valoriser le domaine privé de la personne publique propriétaire par le biais de baux consentis à des tiers. Le bail conclu par la personne privée bénéficiaire du contrat de partenariat renforce la complexité du montage juridique qui voit s'enchevêtrer une multitude d'opérateurs. L'intérêt du partenariat privé/public était de permettre une levée de fonds rapide pour soutenir les projets d'investissements sur les propriétés publiques sans alourdir les finances publiques. Cette opportunité explique en partie l'engouement de nombreux élus pour le montage

PPP, ce qui n'est pas totalement en phase avec les réserves formulées par le juge administratif qui incitait à recourir à ces montages que de manière subsidiaire.

De nombreux aménagements ont été réalisés en mode partenarial. Les partenariats privés/publics ont porté d'abord sur le domaine public maritime avec des opérations complexes comme les aménagements portuaires et les concessions d'endigage. Ils concernent également les grands équipements sportifs et culturels comme les stades et les musées. Des chantiers pharaoniques ou au contraire mal calibrés aux besoins ont défrayé la chronique médiatique de ces dernières années. A titre d'illustration, on peut citer la construction de plusieurs hôpitaux en Région Parisienne, et notamment celui du centre hospitalier Sud-Francilien de Corbeil-Essonnes qui a cumulé les dysfonctionnements. La direction de l'établissement médical présenté comme le plus moderne de France s'est retiré du partenariat public-privé qui le liait au groupe de BTP. Cette résiliation de bail intervient suite à un accord à l'amiable passé entre les deux parties, après plusieurs mois de négociations. Dans le cadre de ce partenariat, l'hôpital devait verser un loyer de 48 millions d'euros par an à Eiffage, pendant 30 ans, avant de devenir propriétaire des lieux. Selon la direction de l'hôpital, ce loyer très élevé menaçait le fonctionnement de l'établissement, situation dénoncée dès son ouverture en janvier 2012 par la Cour des Comptes.

La rénovation des stades dans le cadre de la candidature de la France à l'Euro 2016 s'est adossée au montage très controversé des PPP. Souvent décidés dans l'urgence, les partenariats publics-privés destinés à construire, rénover ou agrandir les stades révèlent aujourd'hui des couacs inattendus lors de leurs signatures. Ces déconvenues financières des montages en PPP concernent plusieurs situations.

C'est le cas par exemple de la communauté urbaine Lille Métropole qui espérait lors de l'inauguration de son grand stade en 2012 récupérer entre 3 et 3,8 millions d'euros par an sur la facture finale grâce à une opération de "naming" qui consiste à accoler un nom de marque au nom du stade. Mais faute d'une offre suffisante, le stade a finalement été baptisé en juin 2013 Stade Pierre Mauroy.

Les critiques portent également sur le stade vélodrome à Marseille. Le loyer du partenariat public-privé, passé par la ville Marseille avec la société Bouygues pour rénover son stade, présente les signes du désastre financier. La ville a dû baisser le loyer fixe réclamé à l'OM. La part variable s'appuyant sur les résultats du club, les ressources pour la ville s'avère de fait aléatoire, ce qui laisse planer un sérieux doute sur la pertinence de ce type de montage. Ce constat a été opéré à plusieurs reprises par la Cour des comptes qui souligne les risques financiers que peuvent représenter les contrats de partenariat public privé (PPP) pour les collectivités locales. La Cour recommande notamment aux collectivités d'être prudentes et transparentes lorsqu'elles s'engagent dans cette forme de partenariat. Elle souligne que les loyers versés sont souvent trop élevés et les coûts prévisionnels largement dépassés, du fait de clauses contractuelles défavorables aux collectivités, mais aussi d'avenants conclus dans un sens généralement favorable aux entreprises.

D'autres affaires concernant la construction ou la rénovation des stades de foot ont fait l'objet d'un contentieux qui révèle la subtilité des distinctions entre la concession d'occupation domaniale et la délégation de service public. À titre d'illustration, on peut citer l'affaire du Stade Jean Bouin à Paris. Le Conseil d'État a estimé que la concession d'occupation du domaine public conclue entre la ville de Paris et l'association Paris Jean Bouin devait être requalifiée en Délégation de service public (DSP)[39].

Si la logique de valorisation s'est imposée au fil des ans comme une dominante de la gestion des propriétés publiques, celle-ci ne peut se faire sans un minimum de prudence. À ce sujet, la Cour des Comptes pointe du doigt la responsabilité des collectivités qui «ne se dotent pas de moyens techniques et humains nécessaires» ou qui s'appuient sur des «évaluations préalables insuffisantes. »

A ce stade de notre voyage, on ne peut à notre tour qu'exprimer quelques inquiétudes face à ce processus de porosité grandissante des frontières entre la gestion publique et la gestion privée et par conséquent constater la banalisation de la gestion des propriétés publiques.

---

[39] Stade Jean Bouin/CCA Paris plénière, *Association Paris Jean Bouin*, Ville de Paris, req n° 09PA01920. AJDA 19 avril 2010.

Chapitre 4.

L'impact du processus de décentralisation sur la gestion des propriétés publiques

Avec la décentralisation, un nouveau paysage apparait. Au jardin à la Française qui caractérisait le modèle jacobin, rigoureusement aligné, s'est substitué un nouvel ordonnancement du jardin, aux contours plus composites et incertains[40]. *Mais «l'attention du marcheur est d'ailleurs très vite accaparée par un objectif plus prosaïque : ne pas se perdre »*[41]. *Ne pas se perdre dans les subtilités de la décentralisation.*

1. Quelques points de repères dans le mouvement de décentralisation

« Le domaine public constitue une richesse dont les collectivités publiques peuvent et doivent assurer la meilleure utilisation »[42].

Le débat sur la décentralisation ne peut pas être approché uniquement sous l'angle technique, comme la recherche d'une gestion efficace au plus près des citoyens. À travers la décentralisation, ce sont les grandes questions du droit public qui se trouvent posées, telles que la

---

[40] Maurice Hauriou, cité dans la mémoire du droit, Paris 2000, tome 1, p. 426.
[41] J.C. Ruffin. op. cit. p. 38.
[42] CE 20 décembre 1957, *Société d'éditions cinématographiques*, Conclusions Guldner, Légifrance.

souveraineté, la subsidiarité, la représentation de l'intérêt général et de l'intérêt local, le principe d'indivisibilité de la République, et enfin le principe d'égalité.

Bien que formellement le bien public ne change pas de statut, symboliquement ce transfert est lourd de portée politique et de conséquences financières. Sur le plan politique, le phénomène de décentralisation amène à s'interroger sur la place grandissante du local dans la société, dans son rapport à l'intérêt général. La conséquence du processus de décentralisation appliquée à la domanialité publique peut s'analyser comme une rupture de paradigme qui avait été instauré à la Renaissance dans le triptyque souveraineté/État/propriété publique.

La domanialité publique était considérée à ses origines, comme le symbole de la lutte du pouvoir central contre le pouvoir seigneurial et local. A l'inverse, aujourd'hui, la réforme du droit des propriétés publiques a partie liée avec une définition plus locale que nationale de l'intérêt général. La prise en compte de l'intérêt local comme composante de l'intérêt général à une plus petite échelle est devenue un élément-clef de la démocratie de proximité. Dans le même temps, le transfert de compétences et de biens aux collectivités territoriales opéré par le mouvement de décentralisation a « entraîné l'éclatement du domaine public, » en provoquant une « faille décisive dans le régime domanial »[43].

On observe, en effet, un processus d'éclatement de l'intérêt général en une multitude d'intérêts locaux parfois incompatibles les uns avec les autres, avec pour corollaire,

[43] C. Lavialle, *Décentralisation et domanialité,* RFDA, 1996.

une conception territorialisée et fragmentée des politiques publiques.

Le mouvement de décentralisation a connu plusieurs vagues. Une première vague amorcée en 1983-1984, par les lois Defferre a conduit à transférer deux grandes catégories de biens publics vers les collectivités territoriales : les bâtiments scolaires et les routes. La deuxième vague de décentralisation enclenchée par les lois Balladur de 2004 complète le dispositif routier et s'étend également au domaine public fluvial et au domaine public culturel.

Nous vivons actuellement une troisième période avec le processus de métropolisation enclenchée par la loi de modernisation de l'action territoriale et d'affirmation de la métropole dite loi MAPTAM de janvier 2014, et la loi portant *Nouvelle Organisation du Territoire de la République*, dite *Loi Notre*. Ces textes impactent, de manière générale, l'ensemble des compétences des villes et des intercommunalités. La création de la Métropole lyonnaise, le 1er janvier 2015, et qui réduit à sa portion congrue l'ancien département du Rhône, entraîne dans son sillage un important transfert de propriété entre le département et la métropole, ce qui n'est pas sans poser certaines difficultés.

C'est autour de la notion de circulation des biens entre personnes publiques que se joue l'essentiel du débat, dans la mesure où le système de répartition des compétences entre les collectivités n'est pas encore totalement stabilisé. La question principale porte sur la pertinence du maintien des différents échelons de la décentralisation avec comme points particulièrement sensibles le maintien de l'échelon du département et la recherche de la taille critique pour doter les régions de nouvelles compétences.

Au final, et malgré les nombreuses annonces tendant à supprimer l'échelon départemental, la loi Notre n'a pas débouché sur une refonte en profondeur des compétences du département. En revanche, c'est l'institution des métropoles et la nouvelle carte régionale qui, à terme, entraînera des conséquences très importantes sur le système de répartition des compétences entre les intercommunalités, les départements et les régions. En effet, cette nouvelle collectivité que constitue la métropole est dotée d'un statut particulier qui lui permettra d'exercer des compétences combinées du département et des communes associées.

C'est dans ce contexte très mouvant que l'on peut décrire les différentes composantes du domaine public embarquées dans la décentralisation.

2. Les équipements scolaires et universitaires

S'il est un sujet sur lequel la population est bien informée, c'est celui du patrimoine scolaire. Respectant strictement les blocs de compétences définies par la loi Deferre de 1982, les bâtiments scolaires ont fait l'objet d'une répartition sur un mode relativement consensuel entre les différentes collectivités selon les compétences concernées.

Les Régions se sont vues confier la gestion des lycées, les départements les collèges, les communes les écoles primaires et maternelles. Grâce à une entreprise de communication très active de la part des départements et des régions qui affichent sur les murs des collèges leurs nouvelles responsabilités en termes de gestion et de financement, rares sont les personnes qui ignorent cette nouvelle répartition des compétences. Un doute a cependant plané assez longtemps sur les véritables titulaires de la propriété publique. Était-on en présence d'un simple transfert de gestion avec la dotation financière correspondante ou d'un véritable transfert de propriété avec toutes les prérogatives liées à la propriété ? Aujourd'hui le problème commence à se clarifier, tout en restant dans certains lieux, très complexe : la loi du 13 août 2004 opère une attribution en pleine propriété des différents bâtiments scolaires au bénéfice des collectivités territoriales.

Concernant le patrimoine immobilier des universités, le processus de transfert de propriété a été opéré beaucoup plus récemment. L'article 32 de la loi LRU qui confère aux universités des responsabilités et des compétences élargies (RCE), les autorise à obtenir la pleine propriété des biens immobiliers qui appartenaient jusqu'alors à l'État. Cette prérogative est le résultat d'une préconisation de la Cour des Comptes qui estimait que la condition d'une véritable autonomie était liée à la maîtrise par les établissements eux-mêmes de leur patrimoine. Quelques années plus tard, le bilan est mitigé. Tous les établissements universitaires n'ont pas eu le même empressement pour demander à l'État le transfert en pleine propriété de leur patrimoine. Cette hésitation s'explique par la situation très inégale du bâti universitaire qui nécessite dans certains lieux des travaux de rénovation considérables, difficiles à assumer par les universités dont les budgets sont particulièrement contraints.

3. La voirie routière

« Il faut regarder le territoire comme autant de palimpsestes où les marques de l'histoire ancienne demeurent bien visibles derrière les apports les plus récents »[44]. Et c'est bien ce qui apparait quand l'observateur attentif découvre le médaillon encastré sur le parvis de Notre Dame de Paris, identifiant le point zéro des routes de France. A la vision centralisatrice et jacobine de la gestion du domaine public routier, a succédé un modèle très décentralisé, sans que pour autant les traces du modèle ancien aient été totalement effacées.

Le processus de décentralisation de la voirie routière a fait l'objet de débats passionnés, notamment au cours de la deuxième étape de la décentralisation enclenchée en 2004. La décentralisation de la voirie routière s'est faite en plusieurs vagues. La première étape de décentralisation de 1983 a réalisé un premier transfert des routes nationales aux départements. Il s'agissait des fameuses routes rouges des cartes Michelin. Seules sont restées sous la responsabilité de l'État, les autoroutes et les routes qualifiées d'intérêt national ou européen.

La deuxième vague de transferts de routes nationales aux départements qui a été opérée par la loi de 2004, ne s'est pas faite sans difficulté. Ainsi, ce sont plus de 18 000 kilomètres supplémentaires de routes qui ont été transférés aux départements, ce qui imposait des charges financières très différentes selon l'état initial des routes et leur situation en plaine ou en montagne. La fronde des Présidents des conseils généraux des départements ruraux, des départements de montagne ou de zones urbaines défavorisées, contre le transfert des routes, qui s'est traduite par un recours contentieux au Tribunal administratif contre l'État, est une situation tout à fait

[44] Alexis de Tocqueville, *L'Ancien Régime et la Révolution*, cité par J. Caillosse, *L'État du droit administratif français*, LGDJ, Lextenso éditions, 2015.

inédite. Si les Présidents des départements concernés n'ont pas obtenu en définitive satisfaction devant le Conseil d'État, cette opposition illustre bien le caractère non consensuel de la définition de l'intérêt général, et les profondes inégalités qui peuvent résulter entre les départements dans la charge de l'entretien des routes.

La voirie communale, en tant que compétence historique des communes, n'a pas été impliquée par le processus de recomposition du domaine public routier. La voirie communale est composée des voies urbaines, des chemins ruraux et vicinaux. Les chemins ruraux sont des voies, qui en dépit de leur affectation à la circulation font partie du domaine privé des communes. La conséquence de cette qualification est importante en matière d'obligation d'entretien. En effet, les communes n'étant pas dans l'obligation d'entretenir ces chemins ruraux, elles ne peuvent être tenues pour responsables des accidents qui surviendraient en raison d'un défaut d'entretien normal. Les questions de responsabilité liées aux problématiques d'entretien et de déneigement suscitent un contentieux abondant.

Une autre composante de la voirie est venue enrichir son utilisation traditionnelle dédiée exclusivement à la circulation automobile. Il s'agit des voies vertes, des chemins de grande randonnée, des pistes cyclables en zone urbaine ou périurbaine, des cyclo-routes aménagées le long des fleuves ou des canaux, sur les anciens chemins de halage ou sur des lignes de chemins de fer désaffectées, tous ces aménagements répondent à des attentes de la société civile en termes de mobilité, d'accessibilité aux personnes porteuses de handicap, de tourisme vert à pied ou à vélo. La réalisation de ces équipements nouveaux s'inscrit dans un paysage juridique inédit qui bouscule les modèles traditionnels et qui répond totalement au principe de subsidiarité impulsée par la décentralisation.

D'initiative locale, c'est désormais sur un mode partenarial impliquant des communes, des structures de coopération intercommunale, des départements, des régions et des établissements publics comme VNF ou SNCF qu'ont été conçus ces équipements dédiés aux déplacements doux. On ne saurait également négliger l'importance du réseau associatif impliquant de simples particuliers qui viennent prêter main forte aux opérations de balisage et d'entretien des chemins. L'impact économique de ce tourisme vert, sportif, culturel ou religieux est important pour un certain nombre de communes éloignées des centres urbains et économiques, comme en témoigne l'engouement pour les chemins de Saint Jacques ou les cyclo-routes très fréquentées le long du canal de Bourgogne ou du Midi.

Cependant, des conflits d'usage et de représentation entre les différents utilisateurs doivent être pris en compte par les gestionnaires de ces nouveaux équipements. La question de l'autorisation des quad sur les chemins de randonnée et celle de la cohabitation entre différents types d'usagers tels que les piétons, les VTT, les rollers ou les personnes à mobilité réduite, sont souvent un casse-tête pour les aménageurs des voies dédiées aux déplacements doux en ville ou en campagne. Ces conflits d'usage sur une voirie encombrée posent la question de la délicate cohabitation entre les automobilistes et les cyclistes dans un contexte de sécurité pas toujours assurée et de responsabilité liée aux charges d'entretien. Cette composante nouvelle de la voirie offre aux juristes de nouveaux sujets de réflexion car ce sont tous les repères classiques du droit des propriétés publiques et privées qui se trouvent en fait bousculés. Le succès du réseau vélov, velib, auto-lib, auto-partage dans de nombreuses villes de France est significatif du changement de mentalité sur la vision des modes de déplacements en ville. Le système d'auto partage Sunmoov disponible sur le nouveau quartier de la Confluence à Lyon présente la particularité singulièrement innovante de fonctionner à l'énergie solaire. Mais l'expérience a été arrêtée depuis janvier 2016, car ce service trop contraignant pour les utilisateurs était limité à un seul quartier.

4. Le transfert des infrastructures aéroportuaires de taille modeste

À la différence de la voirie routière dont le transfert a été imposé aux départements, même à ceux qui y étaient opposés, le processus proposé pour les infrastructures aéroportuaires a reposé sur le volontariat. L'article 28 de la loi du 13 août 2004 a organisé le processus de décentralisation en trois niveaux. Les Aéroports de Paris ont été privatisés en 2005 sous la forme d'une société anonyme à capitaux majoritairement publics. Les grands aéroports régionaux que sont Nice, Marseille, Lyon, Toulouse, Bordeaux, Strasbourg, Montpellier, Pointe-à-Pitre, Fort de France, Saint Denis de la Réunion et Cayenne sont transformés en sociétés anonymes entièrement publiques, dont le capital est partagé entre l'État et les chambres de commerce et de l'industrie.

Pour les petits aéroports, c'est le modèle classique de la décentralisation qui a été privilégié. Les collectivités territoriales ont pu se porter candidates au transfert de gestion et de propriété, à la seule condition que l'aéroport soit situé au moins en partie sur le territoire de la collectivité. Sur les 150 aéroports proposés par l'État aux collectivités territoriales, 61 ont fait l'objet d'un transfert effectif. Mais pour la plupart de ces équipements qui n'ont pas toujours la taille critique pour s'assurer d'un trafic commercial suffisant pour être rentables, leur survie dépend du montant des subventions que leur accordent les collectivités.

Dix ans plus tard, à l'heure d'un premier bilan de ce transfert des aéroports vers les collectivités territoriales, et dans un contexte de transformation profonde du transport aérien, l'évaluation est très contrastée[45]. Dans un premier temps, une forme de concurrence s'est instaurée entre les nouveaux gestionnaires des infrastructures aéroportuaires, avec comme conséquence dommageable un saupoudrage des investissements publics. Dans un second temps, la faible rentabilité de ces aéroports a été pour certains d'entre eux, compensés par l'implantation des compagnies low cost qui ont contribué à développer le trafic. Mais il s'est posé à leur sujet un débat juridique aux conséquences financières importantes, car la manière dont la question était tranchée, affectait directement la pérennité des aéroports régionaux locaux.

La question était de savoir, si d'une part, les règles générales du droit de la concurrence, qui sont précisées par la directive de 2005, s'appliquent de manière globale à la gestion des aéroports régionaux, et si d'autre part, ces infrastructures constituent un service d'intérêt économique général (SIEG).

---

[45] Rapport du Sénat au nom de la commission du développement durable, des infrastructures, de l'équipement et de l'aménagement du territoire, sur la révision des lignes directrices concernant les aides de l'État aux aéroports régionaux.

L'absence de rigueur qui a prévalu dans l'octroi des aides accordées par les collectivités pour financer les infrastructures qui peuvent concerner les charges d'exploitation, le non-respect des règles des marchés publics, a généré une grande insécurité juridique. Cela se traduit par un contentieux de la société nationale Air France à leur encontre. Une trentaine d'aéroports sont ainsi concernés par une procédure communautaire. Deux griefs principaux sont invoqués à l'appui des recours. Le premier invoqué par AIR France, est tiré de la non-application des règles du droit de la concurrence et lèse la compagnie au profit des compagnies étrangères low cost comme Ryanair. Le second grief est mis en avant par des contribuables locaux qui contestent le principe de versement abusif de subventions à des compagnies privées étrangères.

Les enjeux économiques du transport aérien se sont tellement transformés, qu'une refonte complète de la directive de 2005 s'impose. Par ailleurs, la logique strictement nationale de la vision du domaine public aéroportuaire s'avère complètement dépassée, en raison de la captation fréquente des passagers entre les différents aéroports peu éloignés, comme c'est le cas entre Lyon St Exupéry, Genève et Barcelone. C'est, nous semble-t-il, à l'échelle européenne que doivent se dessiner les contours du trafic aérien.

5. Le domaine public fluvial

« L'histoire des voies d'eau est intimement lié à l'histoire des hommes[46] ». Et depuis l'Antiquité, le

---

[46] Guy Arzul, *Le renouveau du droit du domaine public fluvial*, Editions Johanet, 2008, p. 13.

processus d'urbanisation suit très précisément les principaux fleuves et rivières qui traversent les territoires. Cheminer le long des berges ou naviguer sur les canaux ou les cours d'eaux permet de découvrir la richesse d'un domaine qui fut largement oublié pendant l'ère du tout-automobile. Aujourd'hui totalement réhabilité, il forme un nouveau chapitre à notre guide de découverte des propriétés publiques.

Le domaine public fluvial est à la croisée de plusieurs grandes législations qui se superposent, sans toutefois complètement s'articuler dans une cohérence évidente au premier abord. Des réglementations successives ont été mises en œuvre au cours des siècles, chacune prenant en compte l'évolution de la société dans son rapport aux fleuves. En France métropolitaine, les cours d'eau domaniaux représentent environ 17 000 km.

Comme les rivages de la mer, les fleuves et les rivières navigables ou flottables ont été, dès l'Ancien Régime, inclus dans le domaine public national. Seul l'État pouvait être propriétaire du domaine public fluvial en raison de son intérêt stratégique pour le transport des marchandises. Mais depuis l'avènement de la civilisation de l'automobile et du ferroviaire, le domaine public fluvial n'a plus été considéré pendant près d'un siècle comme un élément clef de l'aménagement du territoire. Ce n'est que depuis une vingtaine d'années, avec la prise de conscience des tensions sur le climat, et la prise en compte des inondations à répétition, de la pollution des eaux, de la raréfaction des eaux potables, que les pouvoirs publics ont redonné à la gestion des fleuves une dimension stratégique, au cœur de la problématique du développement durable.

Cependant, cette réhabilitation des fleuves comme élément important du paysage urbain observé dans de nombreuses villes de France et répondant à l'esprit de la valorisation et de la décentralisation, se heurte en réalité à de nombreux problèmes juridiques. Ainsi en est-il de la question des digues, des ponts, des redevances et des conflits d'usage entre les différents utilisateurs du domaine public fluvial.

5.1. Le domaine public fluvial, un espace sensible

Comme pour le domaine public maritime, le domaine public fluvial a fait l'objet d'une réglementation très ancienne élaborée sous l'Ancien Régime. Selon l'article 528 du code civil, le domaine public fluvial était constitué uniquement par l'ensemble des cours d'eaux navigables. Le domaine public fluvial est actuellement défini à l'article L 2111-7 du CG3P qui précise que « le domaine public fluvial est constitué des cours d'eau et lacs appartenant à l'État, aux collectivités territoriales ou à leurs groupements, et classés dans leur domaine public fluvial. » Mais le domaine public fluvial ne se limite pas aux seuls cours d'eaux naturels. Il faut rajouter tous les éléments constitutifs du domaine public artificiel qui comprend les canaux, les ouvrages destinés à faciliter la navigation, les chemins de halage et les aménagements des ports comme précédemment évoqués avec l'arrêt Société Le Béton[47].

Les règles de la délimitation en largeur du domaine public fluvial sont aussi un héritage du droit romain. Celles-ci définissent la limite avec les propriétés privées riveraines ou d'autres propriétés publiques. Selon une

---

[47] CE 19 octobre 1956, *Société le Béton*, déjà cité, cf. note 20.

règle immuable, on considère que font partie du domaine public, non seulement le lit mais aussi, les berges, jusqu'au niveau qu'atteignent les plus hautes eaux coulant à plein bord avant de déborder. C'est la règle exprimée par l'adage latin du *plenissimum flumen*. En application de ce critère de délimitation transversale, ont été naturellement exclues du champ de la domanialité publique, les sources qui appartiennent au propriétaire du fonds sur lequel elles jaillissent. De même, les ruisseaux et les rivières non navigables ni flottables appartiennent par principe jusqu'au milieu du lit, aux propriétaires riverains, avec les droits spécifiques qui en découlent, comme le droit de pêche, de chasse et de cabotage.

Les inondations à répétition de ces dernières années ont favorisé des modifications importantes du cours des fleuves, ce qui suscite des contentieux dans le cadre du processus de délimitation, comme celui des bouquinistes des quais de Paris[48]. Malgré l'installation de nombreuses digues destinées à dompter les cours d'eau et lutter contre les débordements, la situation actuelle est loin d'être sécurisée et pose de nombreux problèmes de délimitation.

Le domaine public fluvial fait également l'objet d'une délimitation en profondeur. Le lit du fleuve faisant partie intégrante du domaine public, son intégrité se trouve protégée contre toutes les exploitations abusives. En effet, les extractions de matériaux opérées sans autorisation dans le lit du fleuve constituent une infraction sanctionnée par une contravention de grande voirie.

---

[48] CE 6 nov.1998, n° 171317, *Assoc. amicale des bouquinistes des quais de Paris,* Rec.1998, tables. p. 893.

5.2. La fragile protection de l'eau

Cette protection n'est pas encore véritablement opérée pour la surface du fleuve qui est liée au statut juridique de l'eau ; elle reste encore très fragile. Pendant très longtemps, la doctrine a hésité sur la qualification de l'eau : était-ce une chose sans valeur, c'est-à-dire une *res nullius* ou une chose n'appartenant à personne, c'est-à-dire une *res communis* ? Mais quelle que soit la conception retenue, il était logique de refuser l'intégration de l'eau dans le domaine public fluvial. Par définition, une chose n'appartenant à personne ne pouvait faire l'objet d'appropriation, pas même par l'État ou une autre collectivité publique.

Une brèche importante dans cette conception de l'eau a été posée par la loi du 3 janvier 1992 qui consacre l'eau comme une ressource rare faisant partie du patrimoine commun de la nation. Mais cette affirmation de la valeur de l'eau n'était pas complétée par le système de protection assuré par les règles de la domanialité. De fait, le statut jur idique de l'eau est demeuré un système hybride et complexe : hybride, car les conséquences de la haute valeur de l'eau considérée comme un droit fondamental de l'homme et comme un bien collectif, essentiel à la survie de l'humanité n'ont pas été tirées par un législateur trop prudent ; complexe, parce que se mêlent aux logiques d'aménagement du territoire formalisées par le Schéma directeur d'aménagement et de gestion de l'eau (SDAGE), des logiques hygiénistes. Celles-ci sont organisées dans le cadre de la police de l'eau pilotée conjointement par les services de l'État et sous la responsabilité du maire qui doit assurer l'assainissement et l'épuration afin de garantir l'accès à l'eau potable. On ne saurait enfin négliger les enjeux économiques qui président aux systèmes de distribution et d'assainissement et qui sont assurés par deux grandes compagnies concessionnaires en situation de quasi-monopole. Véolia et Suez (anciennement La Lyonnaise des eaux) se partagent le marché de la gestion déléguée de l'eau par l'État et les collectivités locales.

Un mouvement de prise de conscience s'est fait jour depuis une dizaine d'années et un certain nombre de grandes villes ont réintégré le service de l'eau dans leur champ de compétences. Le processus de remunicipalisation de l'eau est amorcé à Grenoble, au début des années 2000, suite au scandale de la gestion déléguée de l'eau avec la compagnie Suez. Il se poursuit dans des grandes villes comme Amiens, Strasbourg, Nancy, Reims, Nantes et enfin Paris. La décision de la Ville de Paris de reprendre en main les services de l'eau par la création en 2010 du nouvel établissement public industriel et commercial *Eau de Paris*, constitue une brèche importante dans la conception du caractère marchand de l'eau. Celui-ci résultait de la notion de *res nullius* imposée par le code civil, qui d'une chose sans maître était devenue une chose appropriable par les grands opérateurs de l'eau.

Des pistes nouvelles sont désormais ouvertes pour inscrire le droit à l'eau dans la catégorie des droits fondamentaux et rendre effectif son accès en fondant son régime de protection sur la notion juridique encore fragile de Patrimoine commun de l'humanité. En ce sens, on ne peut que se réjouir de l'adoption par les députés d'une proposition de loi visant à rendre effectif le droit humain à l'eau[49].

5.3. La décentralisation du domaine public fluvial

Comme la plupart des dépendances domaniales, le domaine fluvial a été également embarqué dans le mouvement de décentralisation. Une première phase de décentralisation fonctionnelle a été amorcée par la création d'établissements publics spécialisés dans la gestion du domaine public fluvial. L'office national de la navigation créé en 1912 a exercé sa mission jusqu'en 1990 date à laquelle a été créé un nouvel EPIC, Voies Navigables de France.

La décentralisation territoriale du domaine public fluvial a commencé avec la loi de 1983 qui avait déjà confié aux régions candidates, l'aménagement des voies navigables. 20 ans plus tard, la loi du 30 juillet 2003, répondant aux vœux des élus qui voulaient développer des activités touristiques, a ouvert la possibilité pour les collectivités locales qui le souhaitaient de devenir propriétaires de portions du domaine public fluvial. Cependant, le décret du 16 août 2005 a prévu une limite à la décentralisation en fixant une liste des voies d'eau qui ne pouvaient être transférées de l'État vers les collectivités « en raison de leur utilité pour le développement du transport des marchandises par voies d'eau ».

Concrètement, les grandes voies d'eau sont restées dans le domaine public fluvial de l'État.

---

[49] Proposition de loi n° 2715 sur la mise en œuvre effective du droit de l'Homme à l'eau et à l'assainissement.

La gestion du domaine fluvial a beaucoup évolué ces dernières années pour s'inscrire dans une logique partenariale avec les collectivités riveraines qui ont fait de l'aménagement de leurs berges un axe fort de leur politique urbaine : les exemples de Bordeaux ou de Lyon sont à cet égard tout à fait significatifs.

L'établissement public Voies navigables de France joue un rôle très important dans la protection et la valorisation du domaine public fluvial qui demeure cependant la propriété de l'État. Mais venant renforcer la complexité du dispositif, il faut rajouter les nombreuses sociétés concessionnaires des voies d'eau comme la compagnie nationale du Rhône (CNR), la concession du canal du Midi ou les nombreuses concessions de ports fluviaux. Les ports autonomes de Strasbourg et de Paris sont également gérés par des établissements publics spécifiques Enfin la montée en puissance du tourisme fluvial et la réappropriation des fleuves, des canaux et des cours d'eau, comme lieux de vie, nécessitent la mise en œuvre de conventions d'occupation privative du domaine public fluvial au profit des propriétaires des embarcations de plaisance, des navettes fluviales ou des péniches à usage d'habitation.

Ce rapide tour d'horizon de l'évolution de la législation permet de prendre la mesure des changements qui ont affecté le domaine public fluvial. Les fleuves ont changé de fonctionnalité au cours du temps et se trouvent enrichis par de nouveaux objectifs de politique publique, toute entière orientée vers la reconquête des espaces naturels. L'attraction touristique que représentent le tourisme fluvial, le rôle essentiel que jouent des fleuves dans la préservation des écosystèmes et la lutte contre les dérèglements climatiques, leur importance dans les politiques d'aménagement urbain, ces nouvelles approches viennent enrichir et compléter les fonctions traditionnelles du fleuve initialement orientées autour de la pêche, des transports, de l'alimentation en eau potable et de l'irrigation.

Dans ce contexte, la montée en puissance des collectivités territoriales dans la gestion du domaine fluvial depuis 2004 constitue une donnée importante à prendre en compte dans le processus de transformation des propriétés publiques. Mais cette nouvelle approche décentralisée et valorisée des espaces naturels n'est pas *un long fleuve tranquille* et des nouveaux conflits apparaissent entre les différentes collectivités riveraines, potentiellement candidates au transfert. Le risque de balkanisation du domaine fluvial et la dilution des responsabilités ne sont pas absentes de ce processus qui tronçonne parfois de manière artificielle un espace naturel très sensible[50].

6. La décentralisation du patrimoine culturel et cultuel : une politique publique récente et multi-partenariale

« Le patrimoine culturel, aux sources de la créativité. Chaque création puise aux racines des traditions culturelles, mais s'épanouit au contact des autres. C'est pourquoi le patrimoine, sous toutes ses formes, doit être préservé, mis en valeur et transmis aux générations futures en tant que témoignage de l'expérience et des aspirations humaines, afin de nourrir la créativité dans toute sa

[50] Le blocage du transfert est prévu par le CG3P article 3113-1 si la cohérence hydraulique n'est pas assurée.

diversité et d'instaurer un véritable dialogue entre les cultures[51] ».

6.1. Les politiques publiques culturelles, une fonction régalienne

Les politiques culturelles liées à la protection et à la valorisation du patrimoine sont caractérisées en France par une forte présence de l'État. Le rôle politique très important des édifices impulsé par la monarchie, puis plus récemment par les *travaux présidentiels* signe de manière symbolique la puissance de la nation liée à son rayonnement culturel.

Il faut attendre la fin du XIXe siècle pour voir lever la tutelle préfectorale sur les communes et s'amorcer un timide mouvement de décentralisation en matière culturelle. Cependant, la loi de 1913 qui définit le cadre juridique de la protection des monuments historiques, celle *des lieux-dits de mémoire* réaffirme le rôle pivot de l'État dans cette mission de service public. Le centralisme parisien incarné par la création du ministère des Affaires culturelles par Malraux éloigne « la Province » et les élus locaux d'une possible implication dans les affaires culturelles au sens large.

Mises à part les initiatives portées à l'échelon local dans quelques grandes villes de France comme Lyon, Grenoble et dans la Région parisienne, il faut attendre l'arrivée de la gauche au pouvoir pour voir naître un véritable mouvement de déconcentration de la politique culturelle. Et c'est sur un mode partenarial et contractuel,

---

[51] Article 7 de la *Déclaration universelle de l'UNESCO sur la diversité culturelle.*

combinant des logiques d'aménagement du territoire, de développement social des quartiers, de promotion des pratiques culturelles et d'éducation artistique que sont élaborées les politiques culturelles des années 80-90. Les multiples contrats signés entre l'État, les régions, les départements et les communes formalisent les engagements réciproques et sont la traduction de ces engagements[52].

6.2. La décentralisation des politiques culturelles

Avec le mouvement de décentralisation opérée par les lois Defferre de 1983, les communes, départements et régions se sont vues confier de véritables compétences dans la gestion des équipements culturels. C'est notamment le cas pour la gestion des musées, des archives, des théâtres, des bibliothèques, des centres d'art lyrique, des conservatoires de musique et de danse et la réalisation de fouilles archéologiques. Les équipements accueillant les activités culturelles sont devenus sans hésitation partie intégrante du domaine public communal et/ou intercommunal.

Si le patrimoine culturel immobilier a toujours fait l'objet d'une protection par son affectation au domaine public, en revanche, les œuvres en tant que telles ont posé davantage de difficultés. Il faut distinguer deux situations : le cas des œuvres encore protégées par un droit de propriété intellectuelle en tant qu'elles relèvent de l'article L. 123-1 du Code de la propriété intellectuelle qui assure leur protection pendant toute la durée de vie de leur

---

[52] Contrats ville lecture, convention ville-arts plastiques, contrats ville-enfant, convention de développement culturel.

créateur et 70 ans après sa mort et le cas des collections des Musées.

Les premières soulèvent des questions de droit particulièrement ardues eu égard à la multiplicité des acteurs concernés et l'imbrication des branches de droit privé et public qui invite le juriste à naviguer entre les deux. La jurisprudence est riche d'affaires ayant ainsi mis en confrontation des auteurs privés réclamant de municipalités qu'elles respectent les œuvres exposées dans l'espace public ou intégrées dans le paysage urbain[53]. Un exemple emblématique est offert à Lyon à l'occasion du réaménagement de la place des Terreaux, qui voit deux artistes, précédemment déboutés d'une action en justice, dicter leur vision de ce que devrait être le nouveau lieu[54].

Pour ce qui concerne les collections, les termes du débat sont différents. C'est la loi du 4 janvier 2002 relative aux Musées de France qui consacre le statut domanial des collections des Musées appartenant à une personne publique[55]. Désormais ces œuvres font l'objet d'une protection renforcée : elles sont inaliénables, insaisissables et imprescriptibles. Le code général des propriétés publiques des personnes publiques consacre l'existence de ce domaine public mobilier à l'article L2112-1. Il comprend les biens caractérisés par leur intérêt public du

---

[53] Cass. Civ.1ère ch., 15 mars 2005, concernant le réaménagement de la place des Terreaux à Lyon. Jusqu'où un artiste peut-il aller pour critiquer l'entretien et les travaux de rénovation à diligenter par la ville afin que son œuvre soit respectée ? Marie Cornu et Nathalie Mallet-Poujol, *« Droit, œuvres d'art et musées – Protection et valorisation des collections »*, CNRS éd., 2006.

[54] V. infra, chapitre 5, paragraphe 2.1. Le Droit de propriété intellectuelle sur le domaine public.

[55] Article 451-1 du Code du Patrimoine.

point de vue de l'histoire, de l'art, de l'archéologie, de la science ou de la technique.

Autour des équipements culturels, un véritable service public local s'est structuré au fil des ans, constituant le levier d'une politique publique volontariste des collectivités territoriales. Le budget des collectivités territoriales consacré à la culture est non négligeable puisque celles-ci prennent en charge 70% des dépenses, le reste étant à la charge de l'État. Les dépenses d'entretien et de fonctionnement de ce patrimoine culturel concernent principalement la gestion des archives, des bibliothèques, des médiathèques, des musées, des salles de concert et de spectacle vivant. Le mouvement est particulièrement significatif pour les départements qui ont progressivement augmenté leur dotation budgétaire pendant ces trente dernières années. De même, les régions qui n'avaient pas de véritable enracinement sur le territoire ont progressivement investi le champ culturel. La dynamique culturelle des régions ne cesse de s'amplifier. À l'heure de la métropolisation, et des enjeux économiques très importants que représentent la valorisation de ce patrimoine culturel, la phase 3 de la décentralisation opérée par les lois *NOTRE* et *MAPTAM* ouvrent un nouveau chapitre de l'histoire des propriétés publiques dédiées à l'activité culturelle.

6.3. Le cas particulier du patrimoine cultuel, un régime juridique complexe inscrit dans le rapport à la laïcité.

Une exception cependant notoire, à l'origine d'une grande complexité, concerne le patrimoine cultuel qui, dès la Restauration, était confié aux communes tout en demeurant sous le contrôle de l'État. En effet, lors de la consécration de la séparation de l'Église et de l'État, le législateur a dû tenir compte de l'héritage de l'histoire et des réactions qu'entraînait ce sujet sensible. C'est notamment pour cette raison que la loi de 1905 a donné naissance à un régime de propriété éclatée, hétérogène et variable selon la date de construction de l'édifice.

Pour déterminer le régime applicable à ces biens cultuels, il faut alors distinguer les biens selon leur date de construction. Pour les biens antérieurs au Concordat de 1801, la loi de séparation affirme sans hésitation la propriété des personnes publiques[56]. Par conséquent, les édifices cultuels érigés avant le concordat de 1801 (conclu entre Napoléon Bonaparte et le pape Pie VII, et instaurant le catholicisme comme la religion majoritaire en France et non plus comme la religion de l'État français), appartiennent légalement à des personnes publiques et sont donc soumis au régime juridique de la domanialité publique. Pour les biens construits entre 1801 et 1905, il est important de distinguer les biens appartenant à une collectivité territoriale et ceux appartenant aux établissements publics du culte afin de déterminer le régime juridique applicable à tel ou tel édifice.

---

[56] Article 12 loi du 3 juillet 1998. « *Les édifices qui ont été mis à la disposition de la nation et qui, en vertu de la loi du 18 germinal an X, servent à l'exercice public des cultes ou au logement de leur ministres (cathédrale, églises, chapelles, synagogues, archevêchés, presbytères, séminaires), ainsi que leur descendance immobilière, et les objets mobiliers qui les garnissaient au moment où lesdits édifices ont été remis aux cultes, sont et demeurent propriétés de l'État, des départements, des communes et des établissements publics de coopération intercommunale ayant pris la compétence en matière d'édifices des cultes* ».

En application de l'article 552 du code civil, « la propriété du sol emporte la propriété du dessus et du dessous », on peut en déduire qu'un bien construit avec la participation financière d'une personne publique sur un terrain détenu par une personne privée, doit être légalement incorporé dans la propriété privée de la personne détenant le terrain. En l'espèce, durant cette période, la plupart des édifices cultuels ont été construits sur des terrains appartenant aux établissements publics du culte. C'est le cas notamment de la basilique de Fourvière à Lyon, de Montmartre à Paris ou de Notre Dame de la Garde à Marseille.

Suite à la loi de 1905, le législateur a imposé à ces établissements publics de se constituer en associations cultuelles privées dans le souci d'opérer une séparation plus nette entre l'État et l'Église. Une personne privée ne pouvant pas être propriétaire de biens publics, les terrains auparavant publics détenus par les établissements publics devenus associations privées ont donc été intégrés dans la propriété privée de celles-ci. Les édifices cultuels font donc partie de la propriété privée des associations cultuelles qui se sont constituées conformément à la loi de 1905. En revanche, suite au refus de nombreux responsables du clergé de l'époque de créer des associations cultuelles, les biens se retrouvant sans propriétaire identifié, ont été transférés par la loi de 1908dans le domaine public communal. Aujourd'hui, les communes qui sont propriétaires des églises paroissiales détiennent environ 40% du parc des monuments historiques. Une collaboration nécessaire et souvent subtile s'impose donc entre l'État, les collectivités territoriales et les associations de défense du patrimoine de plus en plus investies dans cette œuvre de mémoire.

6.4. La décentralisation du patrimoine architectural : la lente construction d'une approche partenariale

Le décalage est saisissant entre le mouvement de décentralisation des politiques culturelles et le maintien dans le giron de l'État du patrimoine architectural. Le transfert de propriété du patrimoine culturel de l'État vers les collectivités territoriales a toujours été l'objet d'un débat passionné. Déjà en 1832, dans une tribune tenue dans la Revue des Deux Mondes, Victor Hugo craignait le risque de transférer aux collectivités locales la gestion du patrimoine[57]. Pendant tout le XXe siècle, le choix d'un mode centralisé autour de l'administration des monuments historiques était considéré comme le mode de gouvernance le plus pertinent pour assurer sa protection.

Le mouvement de décentralisation fût donc plus lent et plus hésitant puisque jusqu'en 2004, il était resté à l'écart de ce processus. La loi du 13 août 2004 constitue donc une rupture importante avec la vision régalienne et centralisée du patrimoine immobilier. L'État propose en effet de transférer aux collectivités qui en font la demande la propriété de certains monuments historiques. Cette décision avait été préparée par une commission présidée par René Rémond. Une sélection avait été opérée entre les monuments qui étaient transférables et ceux qui devaient absolument rester dans le patrimoine de l'État en raison de leur appartenance « à la mémoire de la Nation». Par ailleurs, la notoriété internationale a constitué un second critère pour maintenir dans la propriété de l'État certains

[57] Victor Hugo, *Guerre aux démolisseurs*, La Revue des Deux Mondes, 1829.

édifices comme les grandes cathédrales, les principales abbayes ou le pont du Gard. Enfin, les sites archéologiques ou préhistoriques sont restés dans le patrimoine national. Suite à ce travail d'inventaire et de précision des critères, une liste de 162 monuments transférables aux collectivités a été dressée. Mais le résultat fût très décevant, car peu de collectivités se sont portées candidates pour se voir confier en pleine propriété des biens dont les charges de rénovation pouvaient s'avérer trop lourdes.

Aujourd'hui, le cadre juridique du système de protection du patrimoine architectural demeure sous la responsabilité de l'État et s'exerce à travers des figures symboliques, comme l'architecte des bâtiments de France, qui joue un rôle essentiel dans la protection et la sauvegarde du patrimoine. Ce dernier instruit notamment les permis de construire pour l'entretien et la rénovation des monuments historiques.

Cette gestion centralisée de la protection du patrimoine dans le cadre des procédures de classement, de création des secteurs sauvegardés, des zones de protection du patrimoine architectural, urbain et paysager (ZPPAUP) fait l'objet d'appréciations contrastées. En effet, les projets des maires bâtisseurs ne sont pas toujours en phase avec les enjeux de la préservation du patrimoine. Des divergences importantes ont pu opposer les visions des élus avec celles du ministère sur la préservation du patrimoine du centre-ville. De ce point de vue, la création du label « Villes d'Art et d'Histoire » créé en 2009 marque un compromis intéressant, institué dans une logique partenariale, pour permettre une action concertée entre les acteurs municipaux et le ministère de la culture.

Une nouvelle étape dans le processus de réflexion sur la gestion et la protection du patrimoine architectural est en cours dans le cadre de la discussion parlementaire sur le projet de loi relatif à la « liberté de la création, à l'architecture et au patrimoine ». Le texte vise entre autre, la simplification du droit des espaces protégés et consacre un nouveau concept à travers la notion de « cité historique », qui viendrait se substituer à la notion plus encadrée de ZPPAUP. Mais une opposition très vive s'est engagée contre le processus de libéralisation induit par la nouvelle approche du patrimoine proposée dans le texte en discussion. En procédant au renforcement des compétences dévolues aux collectivités territoriales par la possible intégration des cités historiques dans les PLU, le texte fragilise le système de protection institué au fil des ans à travers les ZPPAUP ou les secteurs sauvegardés.

Les détracteurs du nouveau texte plébiscitent comme le faisait Victor Hugo en son temps le maintien du rôle de l'État comme garant de la pérennité du patrimoine architectural. On le pressent bien, les relations entre les maires et la puissance publique d'une part, la protection du patrimoine et les logiques d'urbanisme d'autre part, sont loin d'être apaisées.

Chapitre 5.

Les propriétés publiques, cadre d'exercice des libertés publiques

« Il faut connaitre la carte des oasis, oasis de l'art, de la pensée, de l'amour[58] *». Ces oasis sont des espaces de liberté et c'est un vrai défi que de pouvoir les localiser dans les espaces publics dans un contexte où les contraintes de sécurité peuvent porter atteinte aux libertés publiques.*

L'usage commun des propriétés publiques répond aux grands principes constitutifs des libertés publiques. La liberté d'aller et venir, la liberté d'expression, le principe de non-discrimination trouvent naturellement leur expression sur le domaine public tel que la voirie, les places, les trottoirs, les plages et de manière générale, sur tous les espaces publics qui ne font pas l'objet de propriété privée. Mais ces libertés fondamentales consacrées notamment par la DDHC, le préambule de la Constitution de 1946 et la Convention européenne des droits de l'homme ne peuvent jamais s'exercer sans limitations dans l'espace public. Celles-ci se heurtent inévitablement à la liberté d'autrui, selon l'adage bien connu, « la liberté s'arrête là où commence celle des autres. » On est donc toujours en présence d'un équilibre subtil à établir entre

---

[58] Hannah Arendt cité par Thierry Paquot et Chris Younes, *Le territoire des philosophes, lieux et espaces dans la pensée du XX*[e] *siècle*, La Découverte.

les attentes et les exigences individuelles et le respect du collectif encadré par la notion d'ordre public.

1. La liberté d'aller et venir

La possibilité d'aller et venir fait partie de cette catégorie de libertés fondamentales qui n'existent qu'au regard des limitations qui viennent la circonscrire. Il suffit d'être automobiliste pour se rendre compte combien peut être finalement fragile et formelle cette liberté, quand l'embouteillage rompt, pour un temps plus ou moins long, la liberté de circulation ou que l'impossibilité de stationner empêche de se rendre là où l'on veut aller. Il n'en demeure pas moins que cette liberté fondamentale, considérée comme un principe de valeur constitutionnelle, s'exerce principalement sur l'ensemble de la voirie qui, de fait, constitue une part très importante du domaine public[59].

C'est l'existence même de la propriété publique qui permet de garantir cette liberté d'aller et venir, et c'est dans le système de réglementation de cette liberté que réside la possibilité de la rendre effective ou tout au moins, la plus réelle possible. Cependant, la mise en œuvre concrète de ce principe, laisse apparaître clairement le grand écart entre la théorie et la pratique, tant les atteintes à cette liberté d'aller et venir sont nombreuses.

Le domaine public de la voirie est au cœur de cette tension permanente entre les problématiques de liberté et les exigences de la sécurité routière et de l'ordre public. Il relève de la responsabilité de l'autorité publique d'établir un équilibre acceptable entre ces paramètres

---

[59] Conseil Constitutionnel 12 juillet 1979, AJDA 1979, p. 46 ; RDP 1979, p. 1693.

contradictoires, en application du principe de proportionnalité. Si certaines limitations ou interdictions sont justifiées par des circonstances exceptionnelles liées à des considérations de sécurité, elles ne sauraient présenter un caractère absolu ou définitif, au risque de compromettre définitivement la liberté d'aller et venir. Cette jurisprudence, confirmée avec constance par le Conseil d'État, concerne les voies piétonnes, les pistes cyclables, les interdictions de traverser les communes au-delà d'une certaine heure, les places de stationnement réservées aux personnes handicapées, aux taxis, aux auto-écoles.

Le contentieux abondant exprime les conflits d'usage qui se nouent sur la voirie entre les exigences de sécurité et le principe de liberté, entre les modes de déplacement doux et les contraintes de la circulation automobile, entre les professionnels qui utilisent le domaine public comme support de leurs activités et les autres usagers. Mais de manière plus fondamentale encore, l'effectivité de la liberté d'aller et venir est conditionnée par deux principes, celui de l'accessibilité et celui de la gratuité.

1.1. L'accessibilité, condition de la liberté d'aller et venir

La question de l'accessibilité du domaine public à toute personne, quel que soit son âge ou son état de santé, est une condition substantielle de l'effectivité de la liberté d'aller et venir. Le concept d'accessibilité, récent dans le droit français, marque une rupture avec le principe traditionnel d'égalité au profit de l'instauration d'un système de discrimination positive dont peuvent bénéficier les personnes fragilisées par leur handicap, leur âge ou leur état de santé. Ce dispositif est né avec la loi du 30 juin

1975. Il a été renforcé par la loi de 2005 relative aux personnes handicapées. Il est précisé dans ces textes que « les dispositions architecturales et aménagements des locaux d'habitation et des installations ouvertes au public, doivent être tels que ces locaux et installations soient accessibles au public ».

Cette obligation d'accessibilité, instituée en tant qu'obligation nationale de solidarité devait avoir une pleine effectivité à l'horizon 2015. Cette loi a eu d'importantes conséquences sur le plan de la gestion et de la rénovation des propriétés publiques. Elle impose notamment la prise en compte de l'ensemble des types de handicap, l'intégration de la notion de « chaîne du déplacement », la mise en place de schémas de mise en accessibilité assortis d'une programmation, l'obligation d'une concertation avec les associations de personnes handicapées, la formation des professionnels et le suivi de l'action. Cette loi ne se borne pas à poser des exigences, elle met également en place les procédures de contrôle et définit les sanctions applicables en cas de non-respect de ces obligations.

S'agissant de la voirie, les aménagements sont diversifiés. En effet, il a fallu renforcer la cohérence des cheminements par l'abaissement des trottoirs, la création d'îlots sur la chaussée, le revêtement spécifique des sols, l'instauration des places de stationnement réservées. L'adaptation du mobilier urbain a dû être réalisée pour le rendre accessible et sécurisant pour tous les publics avec la pose de mains courantes ou de barrières de sécurité. Dans le domaine des transports, l'accent est mis sur la continuité du cheminement entre les transports en commun par la mise en place d'ascenseurs pour accéder aux gares routières, au réseau ferroviaire et au métro.

Enfin, pour les établissements recevant du public, les aménagements tiennent essentiellement à la disposition et au dimensionnement du lieu avec la largeur des passages et l'adaptation des équipements.

Toutes ces mesures d'accessibilité sont, pour la plupart à la charge, des collectivités territoriales dans le cadre de leurs politiques publiques locales. Celles-ci tentent d'adapter leur domaine public aux personnes handicapées. Mais le retard pris dans la plupart des villes et ce malgré l'énorme effort réalisé, a conduit le gouvernement à différer l'échéance de 2015 en instaurant un nouveau moratoire. L'évaluation de la mise en œuvre de l''ordonnance devrait être faite d'ici le 31 décembre 2018.

1.2. Le principe de gratuité, condition de la liberté d'aller et venir

Outre le problème de l'accessibilité, l'autre sujet sensible qui conditionne également l'effectivité de la liberté d'aller et venir, concerne le principe de gratuité. Celui-ci peut se définir comme l'absence de contrepartie financière versée par l'usager d'un service public ou d'un ouvrage public. Considéré comme un principe fondamental de l'utilisation collective du domaine public, la gratuité garantit l'accès direct au service et à l'ouvrage, et assure par là-même, le respect du principe d'égalité des administrés.

Mais à la différence du principe de liberté et d'égalité, le principe de gratuité est à l'évidence d'une portée juridique moindre. La Déclaration des Droits de l'Homme et du Citoyen de 1789 n'y fait pas référence, pas même le préambule de la constitution de 1946. Il en est de même du

Conseil Constitutionnel qui avait refusé de consacrer le principe de gratuité comme un principe fondamental reconnu par les lois de la République, lors de l'examen de la loi du 30 juillet 1980. En application de cette décision les ouvrages d'art comme les ponts de Tancarville et de l'île de Ré, les viaducs comme celui de Millau et les tunnels comme celui du Mont Blanc ou du Fréjus ont fait l'objet d'autorisation de perception de péage.

Un processus analogue de dérogation au principe de gratuité s'applique aux péages sur les autoroutes. Mais le raisonnement conduit par le législateur est, de prime abord, moins lisible. En effet, dans une première loi datée du 18 avril 1955, le principe de la gratuité de l'usage des autoroutes avait été affirmé, tout en le vidant de sa substance dans son application concrète. On peut lire, en effet, à l'article L122-4 du code de la voirie routière que si « l'usage de l'autoroute est en principe gratuit, il prévoit la possibilité de concessions qui dérogent à cette gratuité en toute légalité ». Aujourd'hui, en raison de la privatisation des sociétés gestionnaire des autoroutes, les exceptions au principe de gratuité sont devenues la règle, ce que confirme le Conseil Constitutionnel dans une décision du 12 juillet 1999, mettant en échec de façon très nette la loi du 18 avril 1955. Il affirme « qu'une loi peut autoriser l'institution d'un péage sur l'utilisation d'un ouvrage sans mettre en cause la liberté d'aller et venir.»

1.3. Le stationnement payant

Le stationnement payant constitue l'un des éléments les plus importants de la dérogation au principe de gratuité, illustrant parfaitement l'adage selon lequel « ce qui est rare est cher ». Il existe trois types de stationnements payants qui obéissent chacun à un régime juridique différent : il s'agit d'abord du stationnement momentané ou arrêt, ensuite du stationnement privatif et enfin du stationnement prolongé non privatif, ce dernier pouvant prendre la forme soit d'un stationnement direct sur la voie publique, le long des trottoirs, soit d'un stationnement dans des parcs de stationnement.

Le régime juridique du stationnement payant a été réformé par l'ordonnance N° 2015-45 du 23 janvier 2015 qui poursuit la réforme engagée par la loi MAPTAM. Le changement opéré consiste à dépénaliser l'utilisation abusive du domaine public routier. C'est désormais la logique patrimoniale qui est privilégiée au détriment de la fonction de police liée au trouble à l'ordre public. L'objectif de valorisation se traduit par un système d'abonnement à géométrie variable établi en fonction de la situation de l'usager de la place de stationnement. Les contrevenants deviennent des débiteurs du propriétaire de la voirie qui revendique la possibilité de pouvoir récolter le produit des contraventions[60]. La recherche d'une nouvelle manne financière commande l'esprit de ce nouveau montage. En effet, du fait de la diminution drastique de la dotation de l'État, les collectivités territoriales font face à un contexte budgétaire particulièrement tendu. Depuis janvier 2016, la réforme du stationnement est entrée dans sa phase opérationnelle ; les communes et intercommunalités sont engagées dans la mise en œuvre pratique du dispositif en tenant compte des particularismes locaux qui sont les leurs.

---

[60] C. Lavialle, *La métamorphose du stationnement payant sur la voirie et l'évolution de la domanialité publique,* RFDA, mars avril 2015.

2. Liberté d'expression et d'affichage sur le domaine public

Le domaine public offre un support privilégié pour exercer des activités artistiques. Certaines sont nouvelles, d'autres plus traditionnelles. Le droit à l'image, le droit à la création et la liberté d'affichage sont les trois volets dans lequel, aujourd'hui, le débat sur les contours de la liberté d'expression se trouve profondément renouvelé.

2.1. Le Droit de propriété intellectuelle sur le domaine public

Le *Street art* s'est imposé depuis quelques années comme une nouvelle forme d'expression artistique qui prend appui sur les murs et bâtiments publics. Issu des revendications sociales des années 70, l'art urbain illustre les tensions vives qui peuvent intervenir entre ce qui a pu être perçu comme une dénaturation de l'intégrité du domaine public ; tel fut le cas des conflits anciens qui ont opposé la SNCF aux tagueurs de ses wagons. Mais progressivement le Street art s'est transformé en démarche sociétale et artistique à part entière. L'art urbain se décompose en différentes pratiques comme le graff, le tag, mais aussi des véritables œuvres picturales. Les murs peints de la ville de Lyon, les fresques sur les murs des écoles sont aujourd'hui considérés comme une nouvelle forme d'esthétique urbaine, souvent soutenue par les élus locaux, en tant que relais de leur politique de rénovation urbaine de quartiers plus ou moins dégradés.

De manière plus traditionnelle, le domaine public a toujours été le support de création d'œuvres réalisées par des artistes sur commande publique comme des sculptures, des fontaines ou des installations d'art contemporain. Mais cette forme de création artistique qui a comme support les propriétés publiques ou privées n'est pas sans conséquences sur les droits de propriété intellectuelle. Il n'est pas rare en effet de voir apparaître des conflits d'intérêt entre les droits de l'artiste et les principes de non appropriation du domaine public.

En 2005, la Cour de Cassation a rendu un arrêt innovant dans ce domaine mettant fin à plusieurs années de procédure et d'incertitude juridique. La première chambre civile a débouté les artistes Daniel Buren et Christian Drevet qui sont les auteurs du réaménagement de la Place des Terreaux à Lyon et qui reprochaient à des éditeurs de cartes postales d'avoir reproduit et commercialisé des cartes postales de la place des Terreaux sans leur autorisation et sans mentionner leur nom au verso des cartes. La juridiction suprême se fondant sur la théorie de l'accessoire, a estimé que la réalisation de Daniel Buren et de Christian Drevet n'était qu'un élément accessoire de la place des Terreaux, qui elle en constituait le principal. En conséquence, le droit d'auteur qui devait protéger l'œuvre des deux artistes ne s'appliquait pas dans ce cas de figure.

2.2. Le droit à l'image sur le domaine public

Ce droit constitue le deuxième volet de la liberté d'expression et de création ayant pour support les propriétés publiques. Cette question fut déjà évoquée à propos de l'affaire Buren mais elle prend une dimension plus politique encore compte tenu de l'explosion de la photo numérique. En effet, chaque année, plusieurs centaines de milliers de clichés immortalisent les fontaines, les places, les églises et de manière générale les monuments historiques qui appartiennent aux collectivités publiques. Or, si depuis Hauriou, il ne fait plus doute que les propriétaires publics bénéficient des prérogatives d'un propriétaire en lien avec son affectation, une question en revanche plus délicate à traiter concerne le droit à l'image sur leur patrimoine public.

Le droit à l'image des biens composant le domaine public est devenu une question sensible du fait de l'utilisation très massive par les touristes, les publicitaires et les photographes professionnels des dépendances du domaine public via le support photo ou vidéo. La jurisprudence définit le droit à l'image comme un droit qui appartient à toute personne, lui conférant un droit exclusif de s'opposer à sa reproduction sans son autorisation expresse et spéciale. La question posée est celle de la pertinence de sa transposition aux biens du domaine public. Contrairement à ce qu'on pourrait penser, photographier à partir de l'espace public n'a jamais été libre, du moins pour les professionnels. En effet, les tribunaux ont reconnu au maire le droit de réglementer les prises de vue sur la voie publique. Ainsi dénommée, la « jurisprudence des photographes filmeurs » considère que l'occupation du domaine public pour les besoins d'un tournage d'un film relève de la police municipale[61].

Ce pouvoir de police impose au maire de minimiser la gêne apportée à la circulation par toute activité qui se déroule sur la voie publique, ce qui de fait peut entraîner une première limite à la liberté de photographier ou de filmer sur le domaine public, dès lors que cette activité peut occasionner un trouble à l'ordre public. Mais, au-delà de cet exercice du pouvoir de police, les dépendances du domaine public sont devenues, au fil des ans, une richesse

---

[61] CE 22 juin 1951, *Daudignac,* N° 00590 02551, Légifrance.

collective qui représente une valeur économique que les collectivités publiques doivent valoriser dans l'intérêt général. Les différents propriétaires publics, État, collectivités territoriales, établissements publics ont mis au point des banques d'images, de manière à pouvoir s'opposer à une utilisation incontrôlée de l'utilisation qui serait faîte de leur bien.

L'arbitrage instauré repose sur le principe du paiement d'une redevance en contrepartie de l'utilisation en application d'une jurisprudence « Syndicat national des transporteurs[62] ». Le juge applique en la matière un contrôle strict de proportionnalité sur le montant de la redevance, sachant que les personnes publiques ne pourront pas ainsi imposer une limitation trop rigoureuse aux professionnels ou aux particuliers au droit de photographier les dépendances du domaine public pour des professionnels ou des particuliers.

Dans le domaine culturel, un premier texte datant de 1922 est venu préciser les droits et obligations des utilisateurs. C'est ainsi que les musées et les archives se sont vues attribuer la faculté de percevoir une taxe en contrepartie de l'autorisation des tiers à photographier, filmer, reproduire sur tous supports et par tous les moyens les œuvres dans un musée. Mais la perception de cette taxe reste cependant très limitée, sachant que le montant doit être calculé en fonction des frais engagés par la collectivité et non en fonction du format de l'image, de la nature du support ou même de l'utilisation envisagée.

---

[62] CE Ass. 21 novembre 1958, *Syndicat national des transporteurs aériens*, n° 30693-33969, Légifrance.

Aujourd'hui, la question du droit à l'image des propriétaires publics sur leur patrimoine se pose quand ce dernier sert de support à la création publicitaire. L'affaire des volcans d'Auvergne révèle toute la complexité du problème. En effet, l'association des propriétaires d'un ancien volcan d'Auvergne avait essayé d'interdire l'utilisation d'une photo aérienne afin d'illustrer une publicité pour une eau minérale. De fait, cette conception aussi étroite du droit de propriété, rendait impossible la vente des photos et d'exercer le métier de photographe. L'assaut de critiques doctrinales dont a fait l'objet cette décision et les réactions très vives des professionnels de l'édition, de la presse et de la photographie ont conduit la Cour de Cassation à nuancer l'interprétation trop rigoriste du droit à l'image.

Dans un arrêt rendu à propos de l'îlot de Roch Arhon, la Cour de Cassation a estimé que si le droit à l'image d'un bien est un des éléments du droit de propriété, il faut, pour obtenir réparation d'une exploitation de cette image sans autorisation, apporter la preuve que l'utilisation de cette image leur a causé un préjudice[63]. Un pas supplémentaire a été franchi dans un arrêt de 2003 qui considère « qu'est erroné le motif selon lequel le droit à l'image serait un attribut du droit de propriété ». La Cour de Cassation a considéré en effet que « droit de propriété qui n'est ni absolu, ni illimité, ne comporte pas un droit exclusif pour le propriétaire sur l'image de son bien, de sorte qu'à elle seule, la reproduction de l'immeuble sans l'autorisation du propriétaire, ne suffit pas à caractériser le préjudice de celui-ci /…/ le propriétaire peut toutefois

[63] Cass. Civile, 2 mai 2001, N° 99-10709, Légifrance.

s'opposer à l'utilisation de cette image par un tiers lorsqu'elle lui cause un trouble anormal[64] ».

Mais le Conseil d'État semble avoir adopté une position sensiblement différente et plus rigoureuse du droit à l'image dont sont titulaires les propriétaires publics. Dans un arrêt rendu à la suite d'un recours de la Ville de Tours, il pose le principe selon lequel « la prise de photographies dans un musée à des fins commerciales nécessite une autorisation en tant qu'occupation privative du domaine public immobilier[65] ». En conséquence, les photos prises sans autorisations préalables deviennent illégales. Mais à l'inverse, un refus catégorique et définitif de l'autorisation irait à l'encontre du principe de la liberté du commerce et de l'industrie. Cette décision va à l'encontre de la décision du TA d'Orléans qui avait jugé « que la société des Brasseries de Kronenbourg n'avait pas à solliciter une autorisation domaniale, ni à payer une redevance pour photographier le château de Chambord au motif que l'image de la chose ne saurait être assimilée ni à la chose elle-même, ni aux droits attachés à la propriété de cette chose[66] ».

Les variations à plusieurs voies de ce contentieux illustre la délicate superposition du droit d'auteur et du droit à l'image, comme deux faces du droit de propriété. Ce détour était indispensable pour comprendre la complexité du problème quand il s'agit du droit à l'image dont dispose les collectivités propriétaires et le droit d'auteur pour tous les professionnels qui utilisent le domaine public comme support de leur art.

---

[64] Cass. Ass, 7 mai 2004, N°516, Légifrance.
[65] CE 29 octobre 2012, SARL Photos Josse, n°341173, Légifrance.
[66] CCA de Nantes, N°12 N0190, 16 décembre 2015, Légifrance.

Ce sujet est une nouvelle fois au cœur de l'actualité avec la discussion du projet de loi pour une République numérique. C'est avec « la notion de liberté de panorama » que le débat est rouvert opposant les tenants d'une culture libre de droit par la diffusion de photos sur les réseaux sociaux et les défenseurs de la vision classique du droit d'auteur, qui s'applique à tout type de propriétaire qu'il soit privé ou public.

Chaque année, des millions de photos sont prises par les touristes qui les postent sur les réseaux sociaux. Trouver une nouvelle source de financements pour des collectivités aux abois est sans doute une grande tentation. Mais comment faire la différence entre le photographe amateur et le professionnel ? Comment s'assurer du caractère non lucratif de l'activité ?

On perçoit bien la difficile conciliation entre des intérêts antagonistes : d'un côté, les prérogatives des collectivités publiques sur la gestion et la protection des propriétés publiques ; de l'autre, la protection des droits de propriété intellectuelle des artistes qui, par leur talent créatif, contribuent aux travaux de rénovation, de valorisation, d'embellissement des espaces publics ; et enfin, le droit des photographes qui interviennent en aval en diffusant et commercialisant les images de ce même site. Le modèle centré sur la vision classique du droit de propriété trouve ici ses limites.

2.3. La question de l'affichage urbain

L'affichage urbain est également au cœur d'un difficile compromis entre le principe de liberté, les considérations d'ordre public et les règles de concurrence à respecter pour attribuer des espaces publicitaires très convoités. La situation de position dominante des Sociétés JC Decaux et

Clear Chanel nous fournit une belle illustration des difficultés à surmonter. L'affichage urbain est en effet à l'origine d'une forte pollution visuelle qui défigure les centres villes. Ce sujet a suscité un grand débat, notamment à propos des contrats de mobiliers urbains impliquant une occupation privative du domaine public de la voirie urbaine. Or, ce montage est étroitement associé à la politique d'affichage publicitaire sur la voirie.

Les sociétés s'engagent à installer gratuitement, sur les dépendances du domaine public, des abribus, des panneaux publicitaires, des panneaux d'informations générales et municipales, des toilettes publiques, des bancs. En contrepartie, l'entreprise publicitaire qui est propriétaire du mobilier urbain, peut se rémunérer par la location des emplacements publicitaires adossés aux ouvrages ainsi fixés au sol.

Cette situation juridique complexe a suscité un grand débat pour savoir si on était en présence d'un marché public, d'une variété spéciale d'occupation du domaine public avec exonération de la redevance ou enfin d'une délégation de service public. Sur ce point, la jurisprudence a évolué. Dans un premier temps, le Conseil d'État a tranché dans un arrêt *Jean Claude Decaux* du 4 novembre 2005 en faveur du marché public soumis à la mise en concurrence.

Puis, dans la lignée de l'arrêt Jean Bouin, et contrairement à la jurisprudence qui avait été posée en 2005, le Conseil d'État a confirmé la qualification des contrats de mobiliers urbains d'occupations privatives du domaine public. « Aucune disposition législative ou réglementaire, ni aucun principe n'imposent à une personne publique d'organiser une procédure de publicité préalable à la délivrance d'une autorisation ou à la passation d'un contrat d'occupation de domaine public/…./ même lorsque l'occupant de la dépendance domaniale est un opérateur sur un marché concurrentiel[67] ». On ne peut que regretter cette nouvelle jurisprudence qui renforce l'opacité de montages aux enjeux financiers considérables dans la mesure où elle va à l'encontre des exigences de sécurité juridique et de transparence imposée par le droit de l'Union Européenne[68].

3. Domaine public, ordre public et principe de sécurité

Inscrit à l'article 2 de la Déclaration des Droits de l'Homme et du Citoyen, le principe de sûreté a été conçu au départ comme un rempart contre l'arbitraire de la puissance publique et comme une condition de la liberté de l'individu. L'idée de sûreté implique un encadrement des pouvoirs de l'État. Puis, un mécanisme inverse s'est opéré avec l'émergence du principe de sécurité qui s'est imposé au cours des XIXe et XXE siècles. Incarné dans la notion d'ordre public et justifiant une intervention des pouvoirs publics, le principe de sécurité est une réponse à la demande grandissante de protection des citoyens devant la perception accrue de la montée des risques. La recherche de sécurité est devenue une priorité des politiques publiques et trouve son expression sur le domaine public, avec notamment la présence croissante de caméras de vidéo-surveillance dans les lieux publics, ou

---

[67] CE 3 décembre 2010, *Ville de Paris-Association Paris Jean Bouin*, n° 338272, Légifrance.

[68] Christophe Roux, *La déqualification des contrats mobiliers urbains*, RDP 2013 n°6. p. 415.

celle de radars sur les routes. Ces installations suscitent un certain nombre d'interrogations dans la mesure où elles rentrent en conflit avec les grandes libertés publiques que sont la liberté de mouvement, la liberté d'expression, la liberté de se rassembler ou de manifester. La construction du risque « délinquance » et l'omniprésence du « sentiment d'insécurité » civile ou routière qui l'accompagne, a servi de justification à la mise en place de ce dispositif.

3.1. La vidéosurveillance sur le domaine public

Les équipements de vidéosurveillance sont implantés à l'entrée des magasins, dans les bâtiments publics et privés ; ils concernent les rues des centres ville, les places et tous les équipements recevant du public tels que les gares, les métros, les lieux culturels et cultuels, les établissements d'enseignement et les administrations. Derrière le dispositif de vidéosurveillance, c'est en réalité une vision sécuritaire de l'espace public qui se profile dans les lieux publics qualifiés « à risque ».

Mais leur sécurisation qui s'appuie sur la force dissuasive des caméras, n'est pas sans conséquences sur la vision que l'on peut avoir des libertés publiques. Bien que le régime juridique relatif à la vidéosurveillance dans les lieux publics soit encadré par la Commission Nationale Informatique et Libertés (CNIL), plusieurs libertés se trouvent sérieusement menacées par la généralisation de la vidéo surveillance, tels que le droit à l'image et le droit à la vie privée en raison des connexions toujours possibles entre les différents fichiers de police.

De plus, les risques de discrimination ne sont pas à exclure notamment à l'égard des étrangers, des jeunes, des marginaux ou des SDF. Pour éviter les risques de dérapages, une commission nationale de vidéosurveillance a été installée en 2007 en tant que garante du respect des libertés fondamentales. Cet organe indépendant est composé de parlementaires, des représentants du barreau, des communes et des maires de France, des entreprises de sécurité, des chambres de commerce, des directeurs d'administration centrale. Des collèges locaux d'éthique de la vidéosurveillance des espaces publics ont été mis en place dans certaines grandes villes, notamment à Lyon. L'obligation qui pèse sur les collectivités consiste à informer clairement les citoyens sur le fait qu'ils sont susceptibles d'être filmés.

Le dispositif de vidéosurveillance a été modifié plusieurs fois. Une première loi du 23 janvier 2006 relative à la lutte contre le terrorisme a élargi les modalités d'installation de la vidéosurveillance. Ce texte organise une procédure d'urgence permettant au préfet de se passer de l'avis préalable de la Commission pour autoriser l'installation d'un dispositif de vidéosurveillance. Puis, dans le contexte de la lutte contre le terrorisme, la loi relative au renseignement du 24 juin 2015 a renforcé le dispositif de surveillance tout en instituant un cadre légal plus exigeant avec la création d'une nouvelle autorité administrative indépendante, la Commission Nationale de Contrôle des Techniques de Renseignements (CNCTR). Enfin, la loi du 22 mars 2016 relative à la prévention et à la lutte contre les incivilités, contre les atteintes à la sécurité publique et contre les actes terroristes dans les transports collectifs de voyageurs, autorise les agents de sécurité de la SNCF et de la RATP à filmer et enregistrer le comportement des personnes concernées lorsque se produit un incident.

3.2. Les radars et la sécurité routière

L'utilisation des radars comme levier de lutte de l'insécurité routière date de 2002. Un objet a symbolise cette nouvelle orientation de la politique de sécurité routière, appelée officiellement « *Contrôle Sanction Automatisée* ». À cette date, l'État était alors encore propriétaire des routes nationales accidentogènes, aussi était-il libre d'utiliser son domaine pour installer les radars fixes aux endroits les plus stratégiques.

Depuis 2004, le contexte juridique a été profondément bouleversé par les lois de décentralisation qui ont transféré les routes aux départements. Il en est résulté une superposition de responsabilité entre l'État qui reste toujours maitre de la politique de la sécurité routière et les départements qui se sont vus attribuer tous les attributs et charges de la propriété sur le domaine public routier.

Un imbroglio juridique qui a défrayé la chronique, a porté principalement sur le destinataire des redevances versées par les propriétaires des radars, en contrepartie de cette occupation privative du domaine public départemental. Appliquant ce raisonnement, les responsables des départements pensaient qu'il était légitime de percevoir les redevances sur les radars installés sur leur domaine routier. Mais ce n'est pas cette ligne qui a été adoptée par la jurisprudence. Le Conseil d'État, a considéré qu'il n'y avait pas d'occupation privative. En effet, il décide que « les radars automatiques de contrôle de vitesse constituent, compte tenu de leur objet même, des équipements intégrés aux infrastructures routières au sens des dispositions du Code de la voirie routière » et que dés-lors, « ces équipements [...] ne peuvent être regardés comme occupant ou utilisant le domaine public routier au sens de l'article L 2125 du Code général de la propriété des personnes publiques[69] ». Ce refus de qualifier d'occupation privative, l'implantation des radars sur le domaine public routier des départements, a pour conséquence de soustraire leur installation au paiement d'une redevance au bénéfice des départements.

3.3. La saga de l'écotaxe et l'impuissance du politique à promouvoir l'ordre public environnemental

La saga de l'écotaxe pesant sur les poids lourds qui a animé le débat politique pendant près de deux ans offre une illustration significative de la difficulté de concilier les logiques routières, fiscales et environnementales, mais aussi un exemple particulièrement criant d'un grave dysfonctionnement de gouvernance. Il s'agissait, en application de l'article 11 de la loi Grenelle 1 de l'environnement, d'établir une redevance kilométrique dont devaient s'affranchir les poids lourds sur une grande partie du réseau routier hors autoroute. Mais devant la forte opposition des « bonnets rouges » bretons qui ont fait fonctionner un puissant lobby en provenance d'une région qui bénéficie d'un réseau routier à 4 voies gratuit le plus important de France, et après de multiples hésitations de pas en arrière et de reports, le projet a finalement été abandonné.

---

[69] CE 8è et 3è section réunies, 31octobre 2007, Légifrance n°306338.

Cette décision est un véritable gâchis financier qui impose à l'État de payer 800 millions d'euros à la société Ecomouv chargée de l'installation du système de traçage des poids-lourds en vue du paiement de l'écotaxe. Sur le plan politique, ce refus de l'écotaxe n'est pas un bon signal envoyé aux défenseurs de l'environnement car elle signe de fait l'abandon de la notion de pollueur- payeur.

Chapitre 6.

Les propriétés publiques, un enjeu stratégique de valorisation des activités économiques

« Engager l'avenir par des règles pour ne pas l'hypothéquer par les démissions du présent[70] ».

Les propriétés publiques que sont les places, les rues, les établissements publics sportifs ou culturels offrent un espace privilégié pour l'exercice d'un certain nombre d'activités professionnelles. Sont concernés principalement les entreprises de transports publics, les taxis, les auto-écoles, les ambulanciers, les activités de commerce ambulant, les forains, mais aussi tous les concessionnaires de plage, les propriétaires de kiosques à journaux ou de terrasses de café. On est en présence d'un équilibre délicat à opérer entre d'une part, l'application des principes fondamentaux qui régissent l'utilisation du domaine public et d'autre part, la possibilité pour des personnes privées de faire valoir leur droit à exercer leur activité professionnelle sur le domaine public.

[70] François Ost, *Le Temps du Droit,* Editions Odile Jacob, 1999, p. 157.

1. Les occupations privatives du domaine public, un équilibre délicat à opérer entre logique de protection et logique de valorisation

Les utilisations privatives du domaine public confèrent à leur titulaire un droit exclusif sur la parcelle du domaine dont il use pour l'exercice d'une activité commerciale ou de service. C'est dans le processus d'autorisation, et l'appréciation de sa régularité que se croisent la liberté d'utilisation pour tous du domaine public et la liberté du commerce et de l'industrie réservée à quelques-uns. Le principe d'inaliénabilité du domaine public et le maintien de son intégrité interdit du moins en théorie, toute velléité d'appropriation privative d'une parcelle du domaine public. Comment concilier le principe de liberté qui impose l'accès de tous au domaine public et les différentes formes d'occupations privatives indispensables à l'exercice de l'activité professionnelle ?

Sur ce sujet, tout est question d'équilibre entre une réglementation légitimée par l'ordre public et la volonté de maintenir intacte l'affectation du bien à l'usage du plus grande nombre, sans mettre en péril la liberté d'entreprendre. Le contentieux sur ce sujet est très abondant. Il concerne aussi bien des secteurs traditionnels comme les attributions d'emplacements dans les halles ou marchés, que des autorisations de stationner pour des taxis ou des auto-écoles. Le débat sur l'ubérisation confère à cette question un intérêt renouvelé.

1.1. Les principes présidant à l'octroi des autorisations d'occupation privative

De manière générale, le maire ne doit pas porter une atteinte illégale à la liberté du commerce et de l'industrie en édictant des interdictions trop générales ou absolues. Ainsi, il ne peut interdire l'exercice du commerce ambulant que sur une partie du territoire de sa commune ou à certaines heures. L'interdiction des marchands ambulants dans un secteur de la commune doit être justifiée par l'agrément, la commodité et la sécurité que les usagers et notamment les touristes, sont en droit d'attendre de l'usage normal de lieux publics destinés à la villégiature et à la promenade[71]. Par exemple, il peut également fixer les emplacements où pourront s'installer les commerçants ambulants, ou encore limiter le nombre des terrasses de café, en se fondant sur des motifs de tranquillité, de sécurité ou de salubrité publique[72].

Les occupations privatives du domaine public délivrées pour exercer une activité économique sont toutes soumises au principe de précarité, et sont conditionnées au paiement d'une redevance par les bénéficiaires de l'autorisation. Les conditions de délivrance des autorisations sont soumises à un certain nombre de règles : elles ne doivent pas comporter de discriminations injustifiées, tendant, par exemple, à privilégier les commerçants résidant dans la commune. Elles doivent être conformes aux règles imposées par

---

[71] Conseil d'État, 23 septembre 1991, Commune de St Jean de Luz, Légifrance

[72] Conseil d'État 17.01.1986, *Commune de Boulogne-sur-Mer ;* C.E. 24.07.1987, Commune d'Anglet.

l'ordre public au regard du respect des règles de l'hygiène, de la salubrité publique et de la tranquillité publique.

La nécessaire valorisation du domaine public, grâce à des activités touristiques, commerciales ou artistiques, illustre parfaitement le difficile équilibre entre la protection du domaine public et sa valorisation via les activités commerciales qui s'exercent sur ses dépendances.

1.2. La précarité des titres d'occupation privative du domaine public

Les principes d'inaliénabilité, d'imprescriptibilité et d'insaisissabilité qui régissent le domaine public ont pour conséquence de maintenir dans une situation de précarité les occupants privatifs du domaine public qui ne peuvent se prévaloir d'un titre pérenne sur le domaine public. Cependant, on ne peut sous-estimer la valeur financière que représentent ces titres d'occupation privative pour les commerçants exploitant une brasserie dans un théâtre, une librairie dans un musée, une terrasse de café sur une place très fréquentée, ou des chauffeurs de taxi qui bénéficient de zone de stationnement sur la voirie et de voies spécifiques sur la chaussée.

Les arrêts illustrant l'application de ce principe de proportionnalité sont nombreux et concernent de multiples situations. Ce sont par exemple les forains qui exploitent la grande roue des Tuileries à Paris ou de la place Bellecour à Lyon et qui souhaiteraient pouvoir maintenir leurs équipements bien au-delà des fêtes de fin d'année, ou encore les concessionnaires plagistes auxquels les pouvoirs publics imposent un démontage systématique de leurs installations en fin de saison estivale. L'affaire des artistes peintres de la place du Tertre près de Montmartre à Paris est emblématique des enjeux que représentent l'attractivité des lieux touristiques grâce à l'exercice d'activités artistiques couplées d'une activité commerciale, mais elle est aussi révélatrice de la difficulté d'opérer la distinction entre ce qui relève de l'intérêt général et ce qui relève d'une activité lucrative[73].

Outre la reconnaissance des fonds de commerce sur le domaine public déjà évoquée, la réforme des professions réglementées qui occupent le domaine public a fait l'objet d'un débat houleux. Comment honorer la demande légitime des chauffeurs de taxi qui bénéficient d'une autorisation de stationnement sur le domaine public de présenter un successeur à l'administration à l'occasion de la cession de leur licence tout en refusant le principe de la patrimonialisation des occupations privatives et en procédant à la déréglementation de cette même profession ? Telle est bien le casse-tête juridique auquel a été confronté le législateur dans le cadre du débat sur la loi Macron.

---

[73] Conseil d'État, 11 février 1998, *Ville de Paris c/association pour* la *défense des droits des artistes peintres sur la place du Tertre,* Lebon 46.

2. La politique de promotion du patrimoine public, un levier de réduction des fractures territoriales à la légitimité incertaine

Le rééquilibrage du territoire entre les zones les plus attractives sur le plan économique ou touristique et les zones potentiellement désertifiées est un enjeu fort pour le maintien de la cohésion sociale. Hormis la question des infrastructures liées à la mobilité déjà évoquée dans les chapitres précédents, la lutte contre les fractures territoriales se traduit principalement par la création de nouveaux équipements structurants. Ces derniers sont des supports aux activités culturelles, touristiques et sportives, et prennent place dans une politique de valorisation du patrimoine immatériel des territoires. Mais la manière dont sont conçus et élaborés ces nouveaux projets, sans véritable concertation en amont de la population directement concernée provoque une forte conflictualité qui fragilise la légitimité du projet. Le contentieux des stades est à cet égard tout à fait significatif.

2.1. Une politique active de promotion du patrimoine public culturel et cultuel

Le phénomène du tourisme de masse attiré par la visite de sites architecturaux ou naturels ou par des évènements culturels, est devenu une réalité économique de tout premier plan qu'aucun élu ne peut négliger aujourd'hui, tant les retombées financières sont importantes. L'aventure du Puy du Fou en Vendée peut être considérée comme emblématique de cette politique culturelle. Créer l'évènement autour d'un monument, d'une exposition, d'un festival, ou d'un site naturel fait désormais partie des stratégies de promotion des territoires pour soutenir l'activité économique. Afin d'accompagner le développement économique d'une région ou d'une ville en proie à la désindustrialisation, la réalisation de grands équipements dédiés à l'art et aux pratiques culturelles a été entreprise. Ainsi en est-il du musée Pompidou à Metz, du Louvre décentralisé à Lens et plus récemment du musée des Confluences à Lyon.

La valorisation du patrimoine culturel comme l'Opéra Garnier ou le TNP à Villeurbanne se fait aujourd'hui en combinant le plus souvent une activité de restauration et de promotion du lieu avec une activité artistique. Le montage de plus en plus utilisé prend la forme d'une convention d'occupation privative du domaine public avec des opérateurs privés qui gèrent les espaces de restauration ou de vente des différents supports qui assurent la promotion des spectacles présentés. Les produits dérivés des manifestations culturelles sont des mannes financières non négligeables pour les gestionnaires de ces sites.

La valorisation du patrimoine culturel passe également par des montages encore plus ambitieux comme celui mis en œuvre pour la cession de la marque « Le Louvre » assorti de prêts d'œuvre à long terme au profit du musée d'Abou Dhabi.

Les sites naturels font eux aussi l'objet d'une intense promotion marketing pour attirer un tourisme de masse friand d'une offre de services clefs en main permettant en un minimum de temps de voir le maximum de paysages. Ce travail de promotion touristique se combine avec la création d'équipements sportifs et de loisirs.

2.2. La création d'équipements de loisirs, une légitimité démocratique fragile

La création des équipements sportifs ou de loisirs s'inscrit également dans la logique de valorisation des territoires. Le succès des parcs d'attraction – Disney à Marne-La Vallée, le Futuroscope à Poitiers ou le parc des Volcans en Auvergne – n'est plus à démontrer, leurs retombées économiques sont suffisamment éloquentes. Pourtant, au moment de leur création, un vif débat s'engage pour questionner la légitimité d'engager les fonds publics au bénéfice d'opérateurs qui non seulement sont privés, mais parfois sont portés par une multinationale étrangère. La forte contestation menée par les opposants au parc de Disney de Marne la Vallée contestant l'utilité publique du projet devant le Conseil d'État n'a pas obtenu gain de cause. Le juge opérant la balance des avantages et des inconvénients du projet, avait tranché pour l'utilité publique de l'opération. Ce débat est toujours d'actualité et se pose quasiment dans les mêmes termes. C'est le cas des nouveaux projets de parc d'attraction, comme par exemple celui prévu à Roybon en Isère qui menace une vaste zone humide. Des collectifs citoyens, des militants associatifs et les Zadistes contestent la destruction des terres agricoles et de l'environnement et dénoncent des projets qui sont de leur point de vue, inutiles ou surdimensionnés.

2.3. La question des stades de foot, un débat controversé

La préparation de l'Euro 2016 a cristallisé l'essentiel du débat. La création de nouvelles infrastructures sportives, dans un contexte de crise économique prégnante, a posé la question de leur pertinence et de leur légitimité. Le domaine public sportif, et notamment les stades affectés à la pratique du football, ont ainsi été au centre d'une actualité juridico politique qui a défrayé la chronique. La forte popularité de la pratique du foot qui a été reconnue par la loi AVICE du 16 juillet 1984 relative à l'organisation et à la promotion du sport comme une mission d'intérêt général, est reliée étroitement à la notion de service public. Ce texte a été modifié à plusieurs reprises, d'abord par la loi du 13 juillet 1992, puis par la loi de 2006.

La construction du stade des Lumières à Décines, dans la banlieue Est de Lyon, offre une parfaite illustration des enjeux que représente aujourd'hui l'impact économique des grands équipements que sont les stades. Ce cas montre aussi la nécessité pour les collectivités de se réinvestir dans la maitrise des opérations pour éviter que l'investissement public ne profite au final à des sociétés financières cotées en bourse, telles que L'OL.

Un bref retour sur l'histoire s'impose pour comprendre les enjeux du débat. Le stade de Gerland, comme tous les stades municipaux, fait partie du domaine public de la ville de Lyon. Il est mis à la disposition de l'OL sous la forme d'un contrat d'occupation privative, ce qui impose un certain nombre d'obligations pour le club sportif bénéficiaire, et notamment le versement d'une redevance à la ville propriétaire. C'est à ce sujet que le débat sur le lien entre le club et la ville a émergé. Suite à un recours de contribuables, étonnés du faible montant de la redevance, le Tribunal administratif de Lyon, dans un jugement du 10 mars 2005, rappelle le principe de l'établissement d'une redevance pour les occupations privatives du domaine public, et définit les modalités de calcul de l'assiette de cette redevance. Celle-ci doit être évaluée en rapport avec la valeur locative de l'emplacement et des avantages que le locataire en retire. Au vu de ces éléments, il était apparu que la redevance fixée à 600 000 euros par une délibération en conseil municipal en date du 26 mai 2003 était nettement sous-évaluée. La redevance a donc été recalculée dans une nouvelle convention signée le 15 juillet 2005.

Celle-ci fût de nouveau contestée dans un nouveau recours devant le TA de Lyon, qui, dans un jugement du 13 juillet 2006 a confirmé son jugement antérieur en déclarant insuffisante la redevance payée par l'OL, en se fondant notamment sur le chiffre d'affaires important du club. L'acte II s'ouvre avec le changement de statut juridique du club qui devient une SA destinée à être cotée en bourse, opéré par la loi du 31 décembre 2006. Le nouveau statut de SA ne permettait plus de faire bénéficier le club d'une subvention déguisée par le biais d'une redevance d'occupation privative sous-évaluée. C'est dans ce contexte juridique que le projet du stade des Lumières a été envisagé par les responsables de l'OL en lien direct avec le Grand Lyon. La recherche d'un emplacement sur l'Est lyonnais ne s'est pas faite sans difficultés. Il en est de même de la libération du foncier nécessaire aux implantations des équipements nécessaires au stade proprement-dit, mais aussi aux aménagements complémentaires comme la zone commerciale, de bureaux ainsi que les voies d'accès.

Chaque étape du projet, mené sans véritable concertation de la population, a donné lieu à un contentieux. Ont ainsi été successivement contestés, les différents documents d'urbanisme, les règles d'indemnisation des propriétaires expropriés, la répartition de la charge et des bénéfices entre la métropole et les communes riveraines. Ces questions posent en réalité le problème du délicat arbitrage entre ce qui relève de l'intérêt général et ce qui relève de l'intérêt privé et financier, face aux nouveaux enjeux que représente aujourd'hui la notion de valorisation des propriétés publiques.

2.4. Les grands projets d'infrastructure, et le repérage délicat de l'utilité publique

Le projet très controversé de l'aéroport Notre Dame des Landes symbolise à lui seul la difficulté de construire un consensus sur les choix de création d'infrastructure, d'associer les populations aux processus de décision, de tenir compte de tous les points de vue des différents acteurs concernés et enfin d'évaluer les impacts environnementaux et économiques. Le résultat du référendum par lequel la population s'est prononcée en faveur en de l'aéroport ne clôt pas pour autant le débat sur sa légalité ni sur sa légitimité. En effet, pas moins de 4 grands recours ont été portés au contentieux et sont en cours de jugement. Ils concernent le contentieux de l'expropriation, le contentieux de l'accès aux documents administratifs, les autorisations environnementales avec notamment la question des espèces protégées et du respect de la loi sur l'eau. La question principale qui demeure est celle de savoir quelle légitimité faire prévaloir, celle de la consultation populaire, celle du juge ou celle des occupants zadistes qui occupent le terrain ?

La décision du Conseil d'État du 15 avril 2016 annulant la déclaration d'utilité publique relative au projet de ligne TGV reliant Poitiers à Limoges, est à cet égard particulièrement intéressante. Le juge insiste sur la rigueur que doit respecter le processus de décision : d'une part, les impacts du projet doivent être évalués en fonction d'une série de critères très précis et exhaustifs, et d'autre part, le montage financier du projet doit être porté précocement à la connaissance de la population concernée. Sur ces deux aspects, le projet contesté ne répondait pas aux exigences d'un processus délibératif en phase avec les attentes actuelles des acteurs de la société civile qui veulent être véritablement associés aux choix de politiques publiques qui les concernent. Le Conseil d'État a appliqué ce strict processus pour la première fois à propos d'une ligne TGV, ce qui est en soi une bonne nouvelle[74].

3. Les enjeux stratégiques de la valorisation du patrimoine immatériel des personnes publiques

Le patrimoine immatériel comprend un certain nombre d'éléments comme les données géographiques, les marques régionales, les labels, les images, le spectre hertzien, les logiciels, les brevets, les lieux publics porteurs d'image, les droits d'émission de gaz à effet de serre, et le patrimoine culturel. Étant dans l'impossibilité de tout visiter dans le cadre de ce voyage, nous centrerons notre attention sur les points les plus typiques du paysage de la valorisation. Deux points de vue peuvent être mis en perspective, les marques collectives liées à la reconnaissance des labels et la propriété des informations dans le cadre de l'économie du net.

[74] CE 15 avril 2016, *Fédération nationale des usagers des transports*.

3.1. Les marques locales et régionales reconnues et protégées, comme levier de valorisation des propriétés publiques

La reconnaissance par l'UNESCO des cultures régionales – comme par exemple, les patrimoines ethnologique ou folklorique, gastronomique ou culinaire, l'artisanat ou la médecine traditionnelle – a joué un rôle de levier important du marketing territorial. En labellisant ces divers éléments du patrimoine culturel immatériel, l'UNESCO conforte les stratégies de communication des principales grandes villes de France. La marque « *Only Lyon* » qui figure sur les supports de communication de la ville, illustre parfaitement l'effort de différentiation qu'elle déploie, pour mettre en avant les atouts touristique et économique de la ville.

3.2. L'open data, levier de valorisation de l'information sur le net

Deux systèmes de droit viennent renforcer la logique de protection : il s'agit des droits liés à la propriété intellectuelle et ceux liés au régime de la domanialité publique[75]. La circulaire du 18 avril 2007 *relative à la gestion des actifs immatériels de l'État* a institué une agence spécialisée dédiée au patrimoine immatériel de l'État. Les décrets du 10 février 2009 définissent les règles relatives à la valorisation du patrimoine immatériel, en insistant sur la protection des droits de propriété et sur la nécessaire montée en puissance que les personnes publiques doivent développer pour valoriser leur

---

[75] Wang LI, *La convention pour la sauvegarde du patrimoine culturel immatériel,* l'Harmattan, 2013.

patrimoine immatériel. Le partage systématique des informations sur des plates-formes numériques ouvertes qui caractérise le phénomène de l'open data, ouvre une nouvelle page dans la réflexion sur le processus de gestion, de protection et de valorisation des propriétés publiques. La transparence des choix opérés s'impose désormais comme une nouvelle forme de gouvernance des politiques publiques qui s'inscrit au cœur du processus de modernisation. C'est à ce niveau que se rencontre la demande de renforcement de démocratie participative par des citoyens de plus en plus informés sur les impacts des projets en cours.

Chapitre 7.

Les enjeux de la préservation de l'environnement, un défi stratégique et d'avenir pour la gestion des propriétés publiques : l'exemple du domaine public maritime

« Homme libre, toujours tu chériras la mer[76] ». « C'est presqu'à tâtons qu'il faut trouver les bouées du port[77] ».

Le contexte du réchauffement climatique impose de mettre en œuvre une politique environnementale très volontariste en redonnant au domaine public naturel toute sa légitimité. Illustrer les changements imposés par les enjeux de préservation de la planète, en nous appuyant sur l'exemple du domaine public maritime nous semble particulière pertinent, car il se situe à l'interface entre la vision classique des propriétés publiques combinant domanialité et souveraineté tout en ouvrant et une vision d'avenir.

Le mode de gestion opéré par le Conservatoire du littoral peut servir en effet de point d'appui à systématiser pour imaginer une gestion renouvelée des propriétés publiques, en phase avec les défis environnementaux qui se posent aujourd'hui à la société.

---

[76] Charles Baudelaire, Poème *L'homme et la mer* in recueil *Les Fleurs du mal.*

[77] Isabelle Autissier, Erik Orsenna, *Passer par le Nord, la nouvelle voie maritime*, Folio, 2016, p. 207.

1. La délimitation du domaine public maritime : un héritage du passé d'une grande actualité

Le domaine public maritime qui ne recouvre pas la notion géographique de littoral est un espace de souveraineté qui appartient à l'État. Régi par le droit Romain, puis par les ordonnances de Colbert, il fait l'objet d'une délimitation en largeur et en profondeur, et comprend plusieurs espaces qui s'articulent entre eux, en application de critères géographiques, météorologiques et historiques. Le domaine public maritime correspond au territoire maritime sur lequel l'État exerce sa puissance souveraine. Le principe retenu est une atténuation progressive des droits de l'État côtier au fur et à mesure que l'on s'éloigne du rivage. La haute mer étant un espace internationalisé, considéré comme une « *res communis* » protégé par le droit international, ne fait pas partie du domaine public.

Il en est de même du plateau continental qui est régi par également par le droit international. Échappent également à la logique de patrimonialisation, et donc à la domanialité publique, les eaux de la mer. L'eau étant, comme on l'a déjà évoqué, une chose commune, au sens de l'article 714 du code civil, elle n'appartient à personne, pas même à l'État.

Le domaine public maritime est défini aujourd'hui dans le CG3P à l'article L 211-4. Il comprend plusieurs catégories de dépendances, chacune ayant fait l'objet d'une évolution en fonction des intérêts spécifiques qu'elles représentent. On a en premier lieu, le sol et le sous-sol de la mer territoriale a été porté à 12 milles marins par loi du 24 décembre 1971 (cela correspond à une largeur de 22 km). Ensuite sont intégrés dans le domaine public maritime, les lais et les relais de la mer. Les lais de la mer sont des dépôts formés par la mer soit en dehors du rivage, soit le long du rivage et qui ne sont pas recouverts par les plus grands flots. Les relais sont des espaces d'où la mer s'est définitivement retirée, et que ne recouvre pas le plus grand flot. Les ouvrages naturels ou artificiels établis dans l'intérêt de la navigation maritime font partie également de la domanialité publique ; c'est le cas des quais, digues, jetées, bouées, balises et phares, les ports naturels et artificiels. Enfin, la situation des plages mérite d'être soulignée, compte tenu des enjeux économiques et touristiques qu'elles représentent.

Les plages correspondent au rivage de la mer, c'est-à-dire à la partie de terre recouverte et découverte par l'eau et délimitée selon les règles posées par le Conseil d'État dans l'arrêt Kreitman[78]. Cette décision met fin au système de délimitation qui avait cours jusqu'alors et qui résultait des Ordonnances de Colbert. Aujourd'hui, la limite du rivage est fixée « au point jusqu'où la marée haute peut s'étendre en dehors de perturbations météorologiques exceptionnelles ». Cette règle s'applique à tous les rivages de la France métropolitaine, ainsi qu'aux lais et relais de la mer, après des opérations d'endigage. Il s'agit de plages artificielles, qui sont incluses dans le domaine public maritime. En revanche, les hauts de plages qui ne sont jamais recouvertes par les flots, ne font pas partie du domaine public maritime, mais relèvent du domaine public ou privé de la collectivité territoriale.

[78] CE, Ass., 12 Octobre 1973, n° 86682, Kreitmann.

2. Le domaine public maritime, un domaine fragile, soumis à de multiples pressions

Le domaine public maritime est aujourd'hui un espace très fragile et en situation de tension entre les logiques de protection nécessaires à mettre en œuvre face aux aléas environnementaux, mais aussi aux tentations spéculatives sur un espace très convoité par le tourisme de masse. En 2010, six millions et demi de personnes vivaient en France dans une commune littorale et la pression démographique ne cesse de s'amplifier selon les projections de l'INSEE, suite à une forte mobilité de la population vers la frange maritime.

Après une trentaine d'années de développement sauvage dans l'immédiat après-guerre, qui s'est traduit, d'une part, par une consommation directe du sol littoral en raison de l'urbanisation et de la création de nombreux équipements touristiques, de zones de loisirs et industrielles, et d'autre part, par une fréquentation destructrice des espaces laissés libres, un coup de frein a stoppé ce processus de bétonnage du littoral par l'institution d'un dispositif destiné à rendre effectif sa protection. La loi Littoral du 3 janvier 1986 a porté un coup d'arrêt à ce processus de privatisation rampante du domaine public naturel, lui-même confirmé à l'article L2111-4 dernier alinéa du code général de la propriété des personnes publique. Malgré la pression des promoteurs immobiliers sur cet espace très convoité, l'appartenance au domaine public maritime naturel de ces espaces artificiels retirés de l'action des flots, est confirmée.

2.1. Les zones sensibles du littoral

Plusieurs lieux sensibles du domaine public maritime font l'objet d'une tension très importante entre des catégories d'utilisateurs, aux intérêts souvent contradictoires. Il s'agit des ports de plaisance, des plages, des zones d'endigage, des parcs éoliens offshore, ou de l'implantation de champ de panneaux photovoltaïque. Le montage juridique le plus souvent pratiqué pour permettre une valorisation la plus efficace possible de ces dépendances domaniales a pris la forme de la concession : concession portuaire, concession de plage, concession d'endigage, concession d'exploitation.

La concession d'endigage est un contrat par lequel l'État autorise le concessionnaire à effectuer sur le rivage de la mer des travaux destinés à soustraire des terrains à l'action des flots. En vertu de la loi du 28 novembre 1963, les terrains gagnés sur la mer devaient être automatiquement incorporés au domaine public. Mais cette disposition fut presque systématiquement contournée avec la naissance du phénomène des marinas.

L'installation de parcs éoliens offshore sur le domaine public maritime est au cœur d'un débat qui mêle des considérations très techniques liées aux caractéristiques du site fragile que représente la mer, mais aussi aux intérêts contradictoires qui peuvent largement se neutraliser. S'agissant de la configuration spécifique du site, il doit être de faible profondeur, à proximité d'un arrière-pays déjà équipé d'un réseau électrique. Par ailleurs, le site ne doit pas être trop fréquenté par les pêcheurs ou les oiseaux migrateurs. Toutes ces conditions réunies conduisent au fait que le parc éolien soit installé sur le domaine public maritime, dans la zone des 12 milles marins, ce qui n'est pas sans conséquences sur le paysage.

L'implantation des champs de panneaux photovoltaïque dans les communes de bord de mer offre une belle illustration de la complexité des objectifs à concilier dans le cadre d'une politique de développement durable, tels qu'ils apparaissent dans la loi du 17 août 2015 relative à la transition énergétique. Il s'agit en effet de lutter contre le dérèglement climatique, de réduire la facture énergétique, mais aussi de combattre le chômage par la croissance verte, de valoriser de nouvelles technologies, de conquérir de nouveaux marchés dans le domaine des énergies renouvelables, du transport propre, du bâtiment à énergie passive et d'améliorer la compétitivité des entreprises.

Enfin le dernier sujet très sensible à évoquer concerne les concessions de plage. Pendant très longtemps, le régime juridique des concessions de plage n'avaient pas fait l'objet d'une actualisation, pourtant nécessaire, tant étaient touffus et nombreux les textes les concernant. La concession de plage est au carrefour de plusieurs législations comme le droit des délégations de services publics, le droit de l'environnement et le droit de l'urbanisme. La question de la valorisation touristique des plages est aussi problématique et a fait l'objet d'une grande saga judiciaire qui a valu la mort du Préfet Erignac qui s'opposait au maintien de manière pérenne des paillotes en Corse. En effet, une pratique s'était imposée, notamment sur le littoral méditerranéen qui consistait à autoriser les concessionnaires plagistes à maintenir des équipements sur les plages tout au long de l'année. Ce qui, de fait, entrainait une forme de privatisation déguisée et rampante du domaine public maritime. Le problème a été réglé par le décret du 26 mai 2006 qui réaffirme le caractère très précaire des concessions de plage. Désormais, la surface de plage qui peut être concédée sera limitée, les équipements installés seront démontés tous les 6 mois et la durée de la concession sera encadrée dans le temps[79].

2.2. Le domaine public maritime fragilisé par les dérèglements climatiques

« Nous avons vidé la mer... Mais comment avons-nous fait cela ? Comment avons-nous pu vider la mer[80] » ?

Une préoccupation grandissante liée au changement climatique se fait jour depuis quelques années qui concerne le grignotage continue des rivages côtiers par la mer. Il est en effet largement admis la corrélation entre le processus de réchauffement climatique, la fonte de la calotte glacière et la montée des eaux des océans. Ce phénomène, aux conséquences juridiques, économiques et humaines, en raison du déplacement inéluctable des populations, concernent toutes les zones littorales de la planète, et n'est pas spécifique au littoral français. La façade ouest du littoral français est particulièrement concernée par ce phénomène qui bouscule les lignes de partage entre domaine public maritime, domaine public des collectivités littorales et propriétés privées. De nombreux campings installés en bord de mer, ainsi que de nombreuses propriétés privées ont des accès directs sur la plage. L'érosion marine a entraîné la dislocation de nombreuses falaises, rendant très dangereuses les promenades le long des sentiers. La montée des eaux envahit les propriétés privées et conduit à de nouvelles

---

[79] Christine Maugüe, *La réaffirmation du caractère exceptionnel de l'occupation privative des plages*, AJDA, 31 juillet 2006, p. 1496.
[80] Friedrich Nietzsche, *Le Gai Savoir, cité* par J. Claude Guillebaud, *La force de conviction*, Seuil, 2005, p. 93.

délimitations du domaine public mettant les propriétaires dans la situation d'occupant privatif sans droit ni titre du domaine public maritime.

2.3. La question délicate de l'entretien des digues

L'entretien des digues fait partie des sujets d'actualité qui là encore révèle, en grandeur nature, le jeu de mistrigri entre tous les partenaires, qu'il s'agisse des propriétaires privés ou publics. La prise de conscience est particulièrement forte depuis les dégâts occasionnés par la tempête Cynthia sur le littoral vendéen en mars 2010. Un travail de repérage systématique des propriétaires des digues qui constitue un itinéraire de 3500 kms a été entrepris, mais l'émiettement des propriétaires en raison du processus de décentralisation rend complexe la mise en évidence du jeu des responsabilités liées aux charges d'entretien.

Le plan de prévention des risques naturels crée par la loi Barnier du 2 février 1995 constitue un des instruments essentiels de l'action de l'État en matière de prévention des risques naturels, et notamment le risque inondation.

Or, un des problèmes majeurs auquel se heurtent régulièrement les pouvoirs publics pour mettre en œuvre une politique de prévention efficace, concerne l'identification des propriétaires de ces digues. Traditionnellement, la protection contre les inondations incombait à la responsabilité des propriétaires riverains qui pouvaient être des personnes privées ou des personnes publiques. Mais le plus souvent, les coûts des opérations de confortation des digues sont tellement élevés qu'ils sont difficilement supportables pour les propriétaires.

Dans ce contexte, des montages juridiques ont été institués pour pallier la carence des propriétaires privés. S'agissant des digues appartenant aux collectivités territoriales, la situation n'est guère plus satisfaisante, et là encore le partage des compétences entre les différentes collectivités, rend peu lisible le système de responsabilité pour assumer les charges d'entretien. Sont particulièrement concernées, les digues de Camargue en rive droite du Grand Rhône, et en rive gauche du Petit Rhône et le long de la mer.

3. Le conservatoire du littoral, un acteur essentiel et exemplaire de la protection du domaine public maritime

Le Conservatoire de l'espace littoral et des rivages lacustres a été créé par la loi Littoral du 10 juillet 1975. Le Conservatoire du littoral est un établissement public administratif qui a pour mission de mener, après les avis des conseils municipaux intéressés, une politique foncière de sauvegarde de l'espace littoral, de respect des sites et de l'équilibre écologique. Les terrains acquis par le Conservatoire font l'objet d'un classement dans le domaine public de cet établissement, ce qui permet d'assurer un régime juridique de protection étendue. Plusieurs grands principes sont posés dans ce texte ambitieux de 1975 pour maintenir les équilibres écologiques de l'espace maritime : construction interdite sur une bande située à moins de 100 mètres du rivage, stratégie de reconquête par le Conservatoire du Littoral des sites naturels remarquables, enfin institution d'une servitude de passage en vue d'aménager un sentier piétonnier tout le long du rivage.

3.1. Un mode opératoire innovant combinant tous les outils juridiques

L'originalité de l'action du Conservatoire du littoral se manifeste à plusieurs points de vue. Sur le plan juridique : il s'agit d'un établissement public qui fonctionne, comme un établissement mixte, associant conjointement l'État et les collectivités locales. Sur le plan de sa responsabilité économique, son action est précurseur des politiques environnementales et de la Responsabilité Sociale et Environnementale (RSE). Créé en effet pour assurer la protection de l'espace littoral, le Conservatoire est à la tête d'un patrimoine à haute valeur économique, localisé dans les secteurs les plus convoités du territoire. Enfin, en tant qu'établissement public administratif, le Conservatoire est amené à recourir à des procédés de puissance publique comme le droit de préemption et l'expropriation, tout en utilisant des techniques de droit privé, adossées à des logiques partenariales et contractuelles.

En 40 ans, le Conservatoire a acquis plus de 160 000 hectares sur la bande littorale qui sont soustraits aux logiques d'appropriation privée et qui sont affectées au domaine public. Ces espaces sont libérés pour les rendre accessibles au grand public, tout en garantissant une véritable protection des équilibres liés à la fragilité de ce milieu naturel. Parmi les acquisitions emblématiques du Conservatoire, on peut citer la Pointe du Raz, ou la presqu'île de Gien. De même, le Conservatoire protège un important patrimoine bâti situé sur ses acquisitions, tel que le fort Liedot de l'île d'Aix, des phares ou des maisons traditionnelles de pêcheurs.

L'action du Conservatoire ne se limite pas à la mise en œuvre d'une simple politique d'acquisition foncière. Son intérêt et sa force innovante consistent à promouvoir une politique publique qui fait figure de laboratoire pour penser des alternatives à la gestion traditionnelle des propriétés publiques. Cette gestion stratégique et volontariste répond au défi du temps long et répond à un raisonnement systémique et complexe, combinant et mettant en synergie tous les éléments constituant l'éco-système.

3.2. Un mode de gouvernance fondé sur l'évaluation des externalités positives

Les modes de gouvernance mobilisés par le Conservatoire formalisent des outils modernes de gestion et d'évaluation permettant de valoriser la création de valeur des politiques publiques. C'est notamment le cas de l'identification des externalités positives induites par une gestion socialement responsable du patrimoine maritime. Le Conservatoire favorise le processus de création de valeur pour les espaces littoraux. Sa stratégie d'acquisition foncière, loin d'être un frein au développement ou d'être un coût pour la collectivité, génère des gains en renforçant l'attractivité du territoire et en soutenant une activité économique en phase avec les exigences du développement durable.

Ne peut-on pas imaginer que ce modèle de gestion durable puisse servir de point d'appui pour systématiser une nouvelle approche des propriétés publiques pour répondre aux nouveaux défis sanitaires et sociaux que doivent assumer les pouvoirs publics dans la gestion des propriétés publiques ?

Ce sera l'ultime étape de ce voyage que d'envisager cette perspective, en opérant un changement de cap.

Conclusion.

Les propriétés publiques, un enjeu essentiel pour notre avenir commun

« L'agir contemporain se déploie dans un monde contracté et maillé d'interconnexions multiples et où le temps et l'espace n'ont plus la même signification que jadis[81] *».*

Nous arrivons à la dernière étape de notre voyage au cœur des propriétés publiques. Celui-ci nous a révélé un paysage composite, tantôt teinté par les couleurs de la valorisation, tantôt ancré dans une logique de protection. Le montage historiquement opéré au temps de la modernité entre le principe de domanialité et le principe de souveraineté, qui avait impulsé la logique de protection ne tient plus que de manière artificielle face aux nouveaux enjeux liés au droit de la concurrence, aux logiques de rentabilisation des propriétés publiques, à la crise de l'État Providence et au processus d'interdépendance qui caractérise la gestion des espaces naturels.

Cependant, cette notion de propriété publique encadrée par le régime juridique de la domanialité présentait une véritable utilité dans sa capacité à canaliser les dérives du marché et d'en limiter les effets délétères en raison de son affectation à l'intérêt général. Or, dans la configuration actuelle dominée par les logiques de marché,

[81] Thierry Gaudin, Armand Hatchuel, *Les nouvelles raisons du savoir*, Editions de L'Aube, 2002.

de concurrence, d'interdépendance et de mondialisation, il n'est pas sûr que ce régime spécifique soit encore adapté au contexte actuel qui caractérise la post-modernité. La forte conflictualité que l'on a pu observer, à propos des grands projets d'aménagements, est l'expression de la demande de la société civile d'être associée à leur élaboration, dès l'amont du projet autant qu'elle révèle les signes d'un déficit de légitimité. La grammaire structurant une nouvelle approche des propriétés publiques et de gouvernance des politiques publiques reste donc à inventer pour répondre à l'érosion des cadres de la pensée observées tout au long de cette déambulation.

Il est donc temps de s'aventurer sur des chemins risqués et encore peu explorés pour inventer une nouvelle écriture des territoires de la pensée juridique. La perspective proposée s'ouvre sur un « nouvel horizon de sens[82] » ancré dans une vision éthique et esthétique des propriétés publiques.

---

[82] Paul Ricœur, *Parcours de la reconnaissance,* Essai Stock, 2004.

1. L'horizon éthique de la gestion des propriétés publiques

Il s'agit de « franchir le seuil qui opposerait une pensée du dehors et une pensée du dedans[83] ». Cette pensée du dedans, est celle qui pose la question du sens, du temps et du projet.

Les pouvoirs publics sont dans l'obligation d'intégrer dans leurs analyses le fort discrédit qui pèse actuellement sur les modes d'élaboration des politiques publiques et qui sont à l'origine du malaise démocratique. Plusieurs pistes peuvent être explorées, combinant trois dimensions – le temps, le sens et le projet partagé – et opérant un véritable tournant épistémologique dans la manière de concevoir la gestion des propriétés publiques.

S'agissant de la question du temps, on a pu constater à plusieurs reprises les excès de la valorisation, surdéterminée par le temps court et par une vision procédurale de la gestion des propriétés publiques. Or, comme se plait à le rappeler le pape François « la rationalité instrumentale qui fait seulement une analyse statique de la réalité en se fondant sur les nécessités du moment est présente aussi bien quand c'est le marché qui assigne les ressources que lorsque c'est l'État[84] ». Nous sommes en effet en présence d'une logique de patrimonialisation, qui sur certains biens, prend nettement le pas sur la notion de protection du bien commun.

Comment sauvegarder le patrimoine public, comment garantir la transmission de ces biens publics aux

---

[83] Gilles Deleuze et Philippe Guattari, *Qu'est-ce que la philosophie*?, edit. de Minuit, 1991.
[84] Pape François, *Loué sois-tu*, Encyclique, Bayard, 2015, p. 126.

générations futures sans en faire des objets spéculatifs ou des rentes financières immédiates ?

La gestion des propriétés publiques doit répondre à l'intérêt général qui ne peut être surdéterminé par la logique du marché et de la rentabilité à court terme. La dimension éthique impose de réintégrer le temps long dans la gestion des propriétés publiques : temps long de la protection et temps long de la transmission aux générations futures. Dans cette perspective, « l'épine dorsale du nouveau mode de pensée est la reconnaissance de la priorité donnée aux valeurs humaines, à la survie de l'humanité[85] ».

« Le renouveau solidaire[86] » attendu et espéré peut être le levier « d'un grand renversement[87] » dans l'approche des propriétés publiques. Pour l'instant, les initiatives très prometteuses, comme celles initiées par le Conservatoire du littoral et l'ONF pour la gestion des forêts, ou celle de la reprise en main par les collectivités pour la gestion de l'eau ne sont pas suffisamment développées pour agir comme force d'entraînement dans le changement de paradigme. Un pas supplémentaire doit être franchi pour recharger de sens la gestion des propriétés publiques.

Dans une perspective *d'utopie réaliste*, ne pourrait-on pas repenser le processus de qualification juridique des

---

[85] Discours de Mikhaïl Gorbatchev devant le Conseil de l'Europe, Strasbourg, 6 juillet 1989.

[86] Jean Michel Servet, *Le principe de réciprocité aujourd'hui, un concept pour comprendre et construire l'économie solidaire,* ERES, 2013.

[87] Karl Polyani, *La grande transformation, aux origines politiques et économiques de notre temps*, bibliothèque des Sciences humaines, Gallimard, 1983.

propriétés publiques pour qu'au cœur de l'affectation soit intégrés les enjeux du développement durable ? Le mérite de cette approche serait d'enrichir la notion d'intérêt général en combinant le développement économique, les exigences de la solidarité et celles de la protection de l'environnement. De la sorte, cette approche intégrée de la gestion des propriétés publiques ancrée dans le développement durable pourrait servir de digue et de rempart efficace au processus de *marchandisation* des biens publics, car il introduit un nouveau critère de légitimité qui rompt avec le mouvement productiviste.

Mais, de manière plus symbolique et plus politique encore, c'est sans doute le terme de propriété publique qui pose question. Ne serait-il pas temps d'abandonner cette logique de patrimonialisation de ces biens qui appartiennent à tous et de formaliser la catégorie juridique des *communs* comme nouvelle manière de penser les propriétés publiques ? Les communs présentent une logique inédite qui bouscule les catégories juridiques du public et du privé, de la nature et de la culture, du droit de propriété et du droit d'usage, de l'appropriable et de l'inappropriable. Plus fondamentalement, l'approche par les communs réinterroge la place de l'État, des collectivités et des citoyens dans la représentation et l'organisation de notre avenir commun et peut contribuer au renforcement de la démocratie délibérative et participative.

De fait, la piste des *communs* permet de réfléchir à un nouveau mode de gouvernance des propriétés publiques en phase avec les attentes des citoyens désireux de participer aux politiques publiques, dans une logique d'un projet partagé. En effet, elle ouvre une troisième voie, comme une « issue lumineuse » entre la vision traditionnelle de l'usager en position de soumission passive vis-à-vis d'une administration toute puissante et celle d'un client exigeant, impulsée par le NPM.

La piste des communs ouvre une perspective inédite et potentiellement très créative dans la conception des politiques publiques. En cela, elle rejoint les multiples expériences de l'économie collaborative, de l'économie circulaire et de l'économie sociale et solidaire qui tendent à irriguer tous les territoires d'initiatives citoyennes.

2. Une nouvelle esthétique de la gestion des propriétés publiques

La deuxième réflexion conclusive de notre voyage est sans doute la plus essentielle pour la survie de l'humanité, car il est bien connu que c'est « la beauté qui sauvera le monde ». Cependant, le beau se trouve de plus en plus encadré et enfermé dans un système de normes esthétiques qui conduisent à une standardisation, une centralisation des codes qui viennent largement contredire la formule selon laquelle « le beau ne se décrète pas[88] ».

Toutes les politiques publiques instaurées depuis la loi de 1913 sur les monuments historiques, qu'il s'agisse du classement des monuments historiques, des paysages et des sites remarquables, des secteurs sauvegardés reposent sur le souci parfaitement légitime de la protection. Mais si la préservation des sites naturels, urbains et architecturaux répond à l'exigence de sauvegarder la mémoire et le passé, on ne peut que regretter le décalage trop souvent criant entre le cadre de vie quotidien soumis à de nombreuses

---

[88] Jacqueline Morand-Deviller, *La ville, le paysage et le beau*, Archives de la philosophie du droit n°40, Paris, Sirey, 1995.

négligences et dégradations et les lieux labellisés, objets de toutes les attentions.

Les exemples les plus manifestes de non prise en compte de l'esthétique dans le cadre de vie concernent l'urbanisme commercial des entrées de ville, la pollution visuelle de l'affichage urbain et de manière encore plus dramatique pour les populations concernées, le logement social dégradé dans les banlieues. De nombreuses études montrent que le passage de la pauvreté à la misère se joue sur la scène de l'enlaidissement du cadre de vie. Cette observation de bon sens révèle la relation qui existe entre l'esthétique comme élément de l'éthique démocratique.

Introduire la dimension esthétique dans la gestion de toutes les propriétés publiques, sans la réduire aux seules catégories d'ouvrages labellisés, aiguise le regard sur de nouvelles perspectives dans le renouvellement de la pensée juridique. En premier lieu, elle permet de dépasser une vision strictement patrimoniale des propriétés publiques qui tend à sanctuariser le beau dans des critères liés principalement au passé. Comme si le beau était une œuvre du passé, sans projection sur le futur. C'est bien le drame de nos sociétés qui n'ont plus l'ambition du beau pour les logements sociaux, pour les bâtiments administratifs ou les établissements scolaires ou universitaires. La vitesse de dégradation de nombre de bâtiments pose également la question de la durabilité et de la transmission aux générations futures d'un patrimoine construit à l'économie. « A l'esthétique de l'accéléré, il faut opposer une esthétique de la tranquillité, un art de la lenteur qui est ouverture aux jouissances du monde permettant de mieux faire chair avec son existence[89] ».

En second lieu, elle permet d'ouvrir les codes esthétiques à la diversité culturelle qui caractérise la population en accueillant d'autres styles et standards esthétiques. L'exemple du Street-art est à cet égard tout à fait significatif du processus d'enrichissement des codes esthétiques par la rencontre d'autres cultures.

Mais de manière encore plus créative, introduire la dimension esthétique comme vecteur structurant de la gestion des propriétés publiques permet de dépasser le clivage entre l'urbain, le culturel et le naturel. Penser la gestion des propriétés publique en lien avec le paysage dans lequel il s'insère contribue à en faire un élément cimentant un « amour du monde[90] » et structurant un rapport indissociable entre éthique et esthétique.

C'est bien le propre d'une pensée paysage, qui permet de voir le ciel et les étoiles, d'admirer le fleuve, l'arbre, ou les fleurs que nul démocrate ne peut imaginer soustraire volontairement au regard. Le beau est une richesse collective inappropriable. C'est une pensée subtile, onirique et poétique, une pensée de l'interstice, de l'entre-deux. Car « si la modernité a gagné le défi de la quantité, l'hyper modernité doit relever celui de la qualité dans le rapport aux choses, à la culture, au temps vécu[91] », la tâche à accomplir est immense mais n'est pas impossible.

---

[89] Gilles Lipovetsky, Jean Serroy, *L'esthétisation du monde, vivre à l'âge du capitalisme artiste*, Gallimard, 2013, p. 36.
[90] Veronique Albanel, *Amour du monde, Christianisme et politique* chez Hannah Arendt, Cerf 2010.
[91] Gilles Lipovestsky, Jean Serroy, op. cit. p. 436.

Dans la feuille de route pour un prochain voyage, plusieurs points seront à approfondir pour donner enfin une dimension universelle aux biens communs de l'humanité en mettant au point une gouvernance mondiale sur les biens qui transcendent les cadres de la souveraineté. Il conviendra également de formaliser la nouvelle catégorie juridique des communs pour rompre la dichotomie entre propriété publique et propriété privée, entre logique d'appropriation et la logique d'affectation.

Mais comme « l'espérance du possible s'enfante sur fond d'impossible[92] », il est essentiel de mobiliser « les forces imaginantes du droit[93] » pour inventer un avenir commun ancré dans une vision innovante des propriétés publiques.

---

[92] Edgar Morin, *La méthode,* n°6, Le Seuil, 2004, p. 227.

[93] Mireille Delmas-Marty, *Les forces imaginantes du droit* (IV), *Vers une Communauté de valeurs* ? La couleur des idées, Seuil, 2011.

Bibliographie

ARZUL, Guy, *Le renouveau du domaine public fluvial,* Éditions Johanet, 2008.

AUTISSIER, Isabelle, ORSENNA, Erik, *Passer par le Nord, la nouvelle voie maritime*, Folio, 2016.

BERNARD, Alain, *L'analyse des politiques publiques aux prises avec le droit*, sous la direction de Didier Renard, Jacques Caillosse, Denys de Béchillon, L.G.D.J, 2000.

BROUANT, Jean Philippe, *Le régime domanial à l'épreuve de la valorisation économique*, thèse Paris 1, 1995.

CHAMARD, Caroline *La distinction des biens publics et des biens privés, contribution* A *la définition de la notion de bien public,* Thèse Lyon III, 2002.

CHEVALLIER, Jacques, *Droit et action publique*, in mélanges Michel Miaille, *Le droit figure du politique*, 2009, Tome 2, p. 421-433

CLAM, Jean, Q*u'est-ce qu'un bien public ? Une enquête sur le sens de la socialisation de l'utilité dans les sociétés complexes,* Archives de la philosophie du Droit, 1997.

CROZIER, Michel, *État moderne, État modeste. Stratégie pour un autre changement*, Le Seuil, 1991.

DEGOFFE, Michel, Collectif, *Les nouvelles orientations du droit de la propriété publique*, mélanges en l'honneur du professeur Philipe Godefrin, Éditions Mare et Martin, 2014.

DELEUZE, Gilles et GUATTARI, Philippe, *Qu'est-ce que la philosophie?,* edit. de Minuit, 1991.

DELMAS-MARTY, Mireille, *Les forces imaginantes du droit* (IV), *Vers une Communauté de valeurs* ? La couleur des idées, Seuil, 2011.

DUGUIT, Léon, *Traité de droit constitutionnel*, Tome 3, 1923.

EBERHARD, Christoph (dir), *Traduire nos responsabilités planétaires, Recomposer nos paysages juridiques*, Bruxelles, Bruylant, 2008.

FOULQUIER, Norbert, *Droit administratif des biens*, LexisNexis, 2011.

GAUDIN, Thierry, HATCHUEL, Armand, *Les nouvelles raisons du savoir*, Editions de L'Aube, 2002.

HUGO, Victor, *Guerre aux démolisseurs*, La Revue des Deux Mondes, 1829.

LAFFERIERE, François-Julien, GUINARD, Dorian et MAFFESOLI, Sarah Marie (Sous la direction de), *Quel sens pour le droit ?* L'Harmattan, 2008.

LI, Wang, *La convention pour la sauvegarde du patrimoine culturel immatériel*, l'Harmattan, 2013.

LIPOVETSKY, Gilles, SERROY, Jean, *L'esthétisation du monde, vivre à l'âge du capitalisme artiste,* Gallimard, 2013.

MONOD, Théodore, *L'hippopotame et le philosophe*, Acte Sud, 1993.

MORAND-DEVILLER, Jacqueline, *La notion de seuil en droit administratif*, Mélanges en l'honneur de Franck Moderne, Mouvement du droit public, Dalloz, 2004.

MORAND-DEVILLER, Jacqueline, *Droit administratif des biens*, Montchrestien, Lextenso éditions, 2012.
MORIN, Edgar, *La méthode*, n°6, Le Seuil, 2004.

OST François, *Le Temps du Droit,* Éditions Odile Jacob, 1999.

OSTROM, Elinor, *Gouvernance des biens communs. Pour une nouvelle approche des ressources naturelles*, De Boeck, 2010.

PAPE FRANÇOIS, *Loué sois-tu*, Encyclique, Bayard, 2015.

PARANCE, Béatrice et de St Victor, Jacques, *Repenser les biens communs*, CNRS éditions, 2014.

POLYANI Karl, *La grande transformation, aux origines politiques et économiques de notre temps,* Gallimard, 1983.

RICŒUR Paul, Parcours de la reconnaissance, Essai Stock, 2004.

RUFFIN, Jean-Christophe, *Immortelle randonnée, Compostelle malgré moi*, Editions Guérin, Chamonix, 2013.

YOLKA, Philippe, *La propriété publique, éléments pour une théorie,* Thèse, LGDJ, 1997

Table des matières

L'Harmattan Italia
Via Degli Artisti 15; 10124 Torino

L'Harmattan Hongrie
Könyvesbolt ; Kossuth L. u. 14-16
1053 Budapest

L'Harmattan Kinshasa
185, avenue Nyangwe
Commune de Lingwala
Kinshasa, R.D. Congo
(00243) 998697603 ou (00243) 999229662

L'Harmattan Congo
67, av. E. P. Lumumba
Bât. – Congo Pharmacie (Bib. Nat.)
BP2874 Brazzaville
harmattan.congo@yahoo.fr

L'Harmattan Guinée
Almamya Rue KA 028, en face
du restaurant Le Cèdre
OKB agency BP 3470 Conakry
(00224) 657 20 85 08 / 664 28 91 96
harmattanguinee@yahoo.fr

L'Harmattan Mali
Rue 73, Porte 536, Niamakoro,
Cité Unicef, Bamako
Tél. 00 (223) 20205724 / +(223) 76378082
poudiougopaul@yahoo.fr
pp.harmattan@gmail.com

L'Harmattan Cameroun
BP 11486
Face à la SNI, immeuble Don Bosco
Yaoundé
(00237) 99 76 61 66
harmattancam@yahoo.fr

L'Harmattan Côte d'Ivoire
Résidence Karl / cité des arts
Abidjan-Cocody 03 BP 1588 Abidjan 03
(00225) 05 77 87 31
etien_nda@yahoo.fr

L'Harmattan Burkina
Penou Achille Some
Ouagadougou
(+226) 70 26 88 27

L'Harmattan Sénégal
10 VDN en face Mermoz, après le pont de Fann
BP 45034 Dakar Fann
33 825 98 58 / 33 860 9858
senharmattan@gmail.com / senlibraire@gmail.com
www.harmattansenegal.com

L'Harmattan Bénin
ISOR-BENIN
01 BP 359 COTONOU-RP
Quartier Gbèdjromèdé,
Rue Agbélenco, Lot 1247 I
Tél : 00 229 21 32 53 79
christian_dablaka123@yahoo.fr

Achevé d'imprimer par Corlet Numérique - 14110 Condé-sur-Noireau
N° d'Imprimeur : 134050 - Dépôt légal : novembre 2016 - *Imprimé en France*